Mis 15 Abuelas

Desde la Inquisición española hasta el presente:
Una trayectoria personal

Por

GENIE MILGROM

Quiero que este libro sea un homenaje a mis abuelas, todas y cada una de ellas, cuyos nombres ya me son tan familiares y cuyas voces he podido traer del pasado para proclamar públicamente y con orgullo, que eran judías.

Con sincero agradecimiento

Me gustaría dedicar este libro, ante todo, a mi esposo Michael. No hay palabras suficientes para manifestar mi gratitud por la ayuda que me ha dado a lo largo de este viaje. Él me dio fuerza y ánimos de muchas maneras diferentes y no sólo por ser un buen compañero en esta larga búsqueda, sino porque siempre me dio sus sabios y sensatos consejos. Él siempre estuvo a mi lado mientras cruzaba el mundo en busca de respuestas.

Quiero agradecerles a mi amiga Sara y a su mamá Miriam, quienes fueron las primeras en traducir el relato de <u>Mis 15 Abuelas</u> del inglés al español. También me dieron la confianza y el coraje para continuar el viaje. Me gustaría dar las gracias a Marcelo y Liliana Benveniste, mis buenos amigos de Buenos Aires, los editores de http://www.esefarad.com, quienes fueron los primeros en insistir en que hiciera pública mi historia. Para Fernando González del Campo Román de Madrid, ante quien me quito el sombrero por el maravilloso trabajo que hizo para ayudarme a investigar mi genealogía española. Quiero agradecer a todos mis primos de España por darme tanto apoyo con mi trabajo y por conducir por horas para poder venir a escuchar mis presentaciones. Para mi primo Nacho, Nacho Junior y mi hermana María Isabel, gracias por todo su apoyo en el diseño de este libro, así como todas sus otras formas de ayuda y consejo. Quisiera agradecerle a Jose por su gran ayuda en editar el libro. También quiero agradecer a mis hijos por su infinita paciencia al tratar de entender mi deseo ardiente para documentar esta historia tan personal. Les agradezco a mis padres que hayan inculcado en mí la tenacidad que me permitió llevar este trabajo hasta verlo terminado.

Para los profesores José Manuel Laureiro y Anun Barriuso: ¡Gracias por siempre escucharme y validar mi trabajo! Para el profesor Stanley Hordes, muchas gracias por sus esfuerzos en la validación de mi trabajo y espero que continuemos trabajando juntos por muchos años por venir. Al Profesor Abraham Lavender, gracias por darme la fuerza necesaria para continuar documentando mis conclusiones. A todos los B'nei Anusim que se ponen en contacto conmigo en busca de respuestas: Muchas gracias a ustedes, porque son una fuente continua de inspiración. Fue un gran placer el trabajar tan de cerca con la Profesora Irene Beibe quien ha traducido este libro del inglés al español.

Con su cariño y paciencia, fue posible esta labor. Estaré siempre agradecida a Irene por este gran trabajo. Yo se que no fue fácil, ella con su "castellano" tan correcto, y yo con lo que he denominado "mi español cubano- estilo-Miami" pero hemos podido llegar a las mejores conclusiones; palabra por palabra, párrafo por párrafo.

Por último, me gustaría dar las gracias a todos mis amigos que me alientan a diario. Todos ustedes me han inspirado y han formado parte de esta experiencia tan positiva.

Capítulo
Uno

Yo nací en La Habana, Cuba, en 1955, en un momento cuando la isla estaba bajo el régimen de Batista y en pleno apogeo de aquellos "viejos buenos tiempos". Los miembros de la clase alta eran extremadamente prósperos y la mayoría de ellos tenían sus propias fábricas, industrias y negocios. Era también el tiempo de los grandes viajes organizados a los casinos, de las fiestas en la playa, y de los bailes semanales, ya fueran de disfraces o de etiqueta. Era una gran vida para aquellos que tenían la suerte de estar entre los pudientes: escuelas privadas para los niños y niñeras para cuidarlos, además de una gran cantidad de otros empleados que trabajaban en las hermosas mansiones que bordeaban las calles de los vecindarios de Miramar y El Vedado. En ese mundo, nací yo.

Durante esos años, Fidel Castro había comenzado su movimiento revolucionario en las montañas de la Sierra Maestra en Cuba. Habiéndose graduado de la Facultad de Derecho de la Universidad de La Habana, tenía un carácter muy carismático y hablaba con voz enfática y muy fuerte sobre la reforma socioeconómica. Le fue demasiado fácil convocar a los más necesitados y prometerles un gran cambio a corto plazo, incluyendo que Batista sería destituido y que ellos también tendrían una vida llena de bailes y fiestas de gala. Con la ayuda del famoso revolucionario Che Guevara, y con el apoyo del régimen comunista de la Unión Soviética, Fidel Castro logró sacar a Batista del poder. En la víspera de Fin de Año de 1958, mientras las familias como las mías despedían el año bailando en sus *country clubs*, Fulgencio Batista estaba abordando un avión y abandonando el país para siempre. En los días siguientes Fidel Castro se convirtió en el Primer Ministro de Cuba, de facto.

Yo estaba muy pequeña en aquel entonces pero recuerdo que vivíamos en una enorme casa de dos pisos en el barrio de Miramar en La Habana y teníamos una niñera que se ocupaba de todo lo que yo necesitara. Vivíamos con nuestros abuelos maternos, lo que era la costumbre en esa época. En el primer piso estaban los cuartos de mis abuelos, así como la cocina principal y el salón comedor. El segundo piso de la casa tenía las habitaciones de mis padres, y también otra cocina y comedor, además de otros dormitorios, incluyendo el mío. Era una enorme casa soleada con elegantes pisos de mármol y de terrazo, y con imponentes escaleras y pasamanos de bronce. Además, estaba decorada y amueblada según el último grito de la moda. No tenía ni idea de que la vida pudiera ser diferente. Todos los días, mi niñera me llevaba hasta la escuela del vecindario para luego venir a buscarme, e irónicamente, la hija del Che Guevara era mi compañerita de clase. Todas las tardes, cuando mi niñera venía a recogerme, El Che-

como se lo llamaba- aparecía en una larga limusina negra y salía de ella dándose aires, vestido con su uniforme, sus botas negras, y su siempre presente boina roja, para recoger a su hija de la escuela. ¿Nadie se daba cuenta que el máximo de los revolucionarios mandaba a su hija a la escuela privada a donde iba la más élite de la isla?

Recuerdo que mi niñera me cambiaba los vestidos varias veces al día, cada uno de los vestiditos estaba bordado a mano, lleno de volantes y encajes, era uno más bello que el otro. Me llevaban a pasear por el club, donde mi mamá y mi abuela jugaban a la canasta con sus amigas. Tengo recuerdos de exquisitas playas donde mi familia tenía cabañas, en una zona llamada Varadero, que era famosa por su arena blanca y suave como la seda y por su agua turquesa y cálida. Cincuenta años más tarde aún puedo cerrar los ojos y sentir la suavidad de la arena entre los dedos de mis pies, y el movimiento del agua que se acercaba y se alejaba con pequeña olas.

Incluso hasta el día de hoy, todavía no he encontrado otra playa con la calma y la belleza tranquila que tenía la playa de Varadero, en Cuba. He buscado repetir esta experiencia a todo lo largo y ancho del Caribe, pero esa suavidad exacta y el gentil chapoteo del agua se han quedado en el pasado. Dicen que nunca se puede volver atrás, y estoy segura que sucede con los recuerdos también. A mi hermana y a mí nos conocían como "las pequeñas herederas". ¡Qué rápido que todo habría de cambiar en los años siguientes!

Los hombres de mi familia eran todos empresarios, y habían acumulado una gran riqueza de aquella manera ya pasada de moda: mediante el trabajo duro. Nunca existieron herencias secretas ni tíos ricos que les dejaran todo lo que tenían. Ambos abuelos progresaron gracias a su propio esfuerzo, sin ayuda de nadie, después de haber llegado a Cuba como inmigrantes, trabajando duras y largas horas para unirse a las filas de los privilegiados.

Mi abuelo paterno nació en Key West, Florida, de origen español, y mi abuela nació en Costa Rica, descendiente de abuelos franceses. Ellos emigraron a Cuba en 1915. Mi abuelo fundó su compañía al poco tiempo, y mi padre se le unió cuando tenía dieciocho años. La empresa importaba todas las vacunas humanas que llegaban a Cuba, así como anestesia para cirugía y la mayoría de los otros productos farmacéuticos importantes que se fabricaban en los Estados Unidos y otros países. También vendían máquinas de rayos X y equipos de hospital y eran bien conocidos por ser capaces de suministrar todo lo que fuera necesario para armar un hospital dotándolo de la mejor tecnología de la época. El nombre de la empresa era "Audrain y Medina", y hasta este día, en el centro mismo de La Habana, se encuentra el edificio con el nombre y el logotipo grabados en un mosaico de mármol en la entrada de la calle. Mi padre también tenía una fábrica de muebles de metal donde fabricaban mesas de oficina, sillas y archivadores. La familia tenía acaparado el mercado desde hacía muchos años, y teniendo muy poca competencia, habían sido capaces de cosechar los beneficios de su arduo trabajo. El hecho de que fueran multilingües les dio una ventaja en el funcionamiento de una empresa global en un macronivel internacional cuando las pequeñas naciones caribeñas de la época, incluyendo a Cuba, estaban en su mayoría interesadas en su propia micro-economía.

Mis abuelos maternos eran primos segundos y venían originalmente de un pequeño pueblo llamado Fermoselle que se encuentra en el límite más occidental de España donde el río Duero, que separa España de Portugal, se encuentra con el río Tomes.

La familia había comenzado sus negocios en Santiago de Cuba, en la costa oriental de la isla al final del siglo XIX, adonde poco a poco habían ido llegando desde España diferentes miembros de la familia. Juntos fundaron "Calcetines Casino", la que posteriormente se convertiría en una de las fábricas más grandes de América Latina con su producción de medias de seda. Esta fue una de las industrias más importantes de Cuba, con capacidad de producción en las costas este y oeste de la isla. Las innovaciones electrónicas de todo el mundo permitieron su crecimiento y expansión. También era una de las principales fuentes de empleo en la isla.

Con el tiempo, mi abuelo materno se estableció en La Habana, esto fue hacia principios de los 1920. Al igual que en el caso de mi abuelo paterno, alguien cuyos orígenes se remontaban a los viñedos de un pequeño pueblo español, llegó a ser conocido como uno de los grandes industriales de la época. Como si esto fuera poco, luego ocupó el cargo de Presidente de la Asociación de Fabricantes Textiles durante muchos años. El trabajo duro y el sudor de su frente consiguieron traer a una familia a través de un océano y a una vida de lujo.

Esta exitosa historia llegó a un abrupto final. Nuestro cuento de hadas se estaba terminando así como moría la última nota del último vals en la víspera de ese fatídico Año Nuevo de 1958. Mientras el maestro de ceremonias anunciaba la cuenta regresiva para llegar hasta el Año Nuevo, otra cuenta regresiva se llevaba a cabo en un aeropuerto privado. Y así como en ese momento las ruedas del avión de Batista se despegaban del suelo, mi familia iba a sentir las secuelas de las turbinas de avión por el resto de sus vidas.

Yo era muy joven, pero desde el momento en que abrí los ojos el 1 de enero de 1959, el ambiente en mi casa había cambiado. Para empezar, desde ese día en adelante sólo se hablaba inglés. Hasta ese entonces siempre se había hablado en español. Los trabajadores del hogar no hablaban inglés, y la familia quería que las conversaciones se mantuvieran privadas. Había mucho movimiento y mucho trajín. Se podían escuchar serias conversaciones por todos los rincones de la casa, y mucho se murmuraba a puerta cerrada. Los hombres iban y venían, y mi abuelo tenía constantes reuniones en la sala de juntas de la casa. Las excursiones diarias al country club se convirtieron en visitas semanales, luego mensuales, y luego se detuvieron por completo. Me di cuenta que la interacción entre mi familia y el personal contratado se puso tensa. La charla amistosa de las mujeres en la cocina se había silenciado. El estrés era visible en la cara de todos, y el aire estaba cargado de tensión.

En retrospectiva, puedo decir que yo ya no era capaz de sentir la brisa que una vez había sacudido suavemente los árboles de mango y aguacate que rodeaban nuestra casa y la propiedad. Prácticamente puedo identificar el día exacto en que la brisa dejó de soplar para siempre. En general, nadie parecía darse cuenta de que mi hermana y yo andábamos entre sus pies y no sólo escuchábamos todo, sino que interiorizábamos todo lo que oíamos. Ella tenía ocho años, y yo tenía cuatro.

Mi hermana mayor tiene vívidos recuerdos de aquellos días, muchos más de los que tengo yo dada la diferencia de edad. Ella recuerda el día que estaba sentada en su clase de religión en la Academia de las Ursulinas, que era una escuela privada, cuando habían sido obligadas a desprenderse del Catecismo de Baltimore, que era el libro básico de la educación católica en el momento. Fue reemplazado por el Manifiesto Comunista de Karl Marx y Friedrich Engels. La portada del libro había sido decorada con colores chillones, con una rosa blanca, la bandera cubana y una foto de José Martí, el famoso héroe nacional cubano y figura literaria. Incluso a esa tierna edad mi hermana recuerda la sensación que tuvo de que la colección de imágenes de la cubierta era incongruente, porque una desplazaba a la ideología de la otra.

También recuerda haberse despertado tarde una noche y mirar a través de las persianas, justo a tiempo para ver cómo algunos hombres de la familia enterraban armas de fuego en el patio, debajo de su ventana. Años más tarde, le preguntó a nuestro papá sobre el incidente, y él le dijo que la familia sintió que tenían que protegerse a toda costa. Una o dos veces a la semana oíamos disparos alrededor de nuestra casa, y todos teníamos que tirarnos al piso, con nuestras mejillas pegadas al frío terrazo, hasta que pasara. Esos fueron momentos muy tensos, y de estrés, y la familia reaccionaba de una manera defensiva en vez de ir a la ofensiva.

Un día que yo estaba sentada silenciosamente en mi sala de juegos, un grupo de hombres entró y comenzó a hacer un agujero en la pared. Una vez hecho pusieron una enorme caja de seguridad. El proceso parecía masivo y complicado. Se guardaron pilas de billetes dentro y las paredes fueron reconstruidas y pintadas. Tan rápido como la caja fuerte había sido instalada, con la misma prisa había desaparecido tragada por las paredes. Esta escena se repitió en varias habitaciones de la casa. Nadie me vio, pero yo lo vi todo. Cincuenta años más tarde, estoy segura de que estas cajas de seguridad aún no han sido descubiertas.

Mis padres y abuelos hablaban acerca de cómo se habían producido las intervenciones militares en sus fábricas y cómo los soldados habían entrado y tomado todo el lugar, irrumpiendo a través de las elegantes puertas vestidos con sus uniformes verdes y sus boinas, y blandiendo sus armas. El nuevo régimen se hizo cargo de los negocios familiares y se daba por sentado que la familia debía permanecer y trabajar para ellos, mientras el gobierno cosechaba los beneficios. Los revolucionarios hacían todo lo que fuera necesario para que los dueños se quedaran. Sin los propietarios y sin sus conocimientos, los edificios y los trabajadores no servían para nada. Pero mi familia se había preparado para este día. Tenían una clara idea de lo que había estado pasando y de lo que le deparaba el futuro a Cuba. Ellos habían hecho planes para este momento mucho antes de que los valses de la víspera del Año Nuevo hubieran terminado.

Ya se habían hecho arreglos con los proveedores en el extranjero para que enviaran telegramas solicitando visas de emergencia para visitar España y los Estados Unidos, todo con fines comerciales. Para evitar sospechas, se enviaban cables por separado y en diferentes momentos, uno para cada miembro masculino de la familia. Ninguno de los que estaba en el poder pudo sumar dos más dos para darse cuenta, porque los esfuerzos que los revolucionarios hacían para tomar el control del gobierno seguían estando desarticulados. Esto fue beneficioso para el plan que nuestra familia había formulado, ya que daban por sentado de que habría un desastre político, y que nadie estaría realmente a cargo.

La estrategia que se estableció fue que toda la familia se fuera, sin disimulo, en octubre del 1960, exactamente a 1 año y 10 meses del día en que Batista había huido. Con el tiempo descubriríamos que esta no era la primera vez que mi familia se había visto obligada a abandonar todo lo que le era familiar: 500 años atrás había sido por su creencia religiosa, y esta vez por razones políticas.

A mi hermana y a mí nos compraron dos grandes muñecos de Fidel Castro, de tres pies de altura. Mi abuela los desnudó con cuidado y les cortó la espalda con un cuchillo afilado. Los muñecos fueron llenados con oro y piedras preciosas que habían sido comprados con pesos que ya no podían ser canjeados por dólares. Hasta ese momento, dólares y pesos se habían utilizado indistintamente en las calles de La Habana, pero ahora los pesos no servían para nada. Los muñecos fueron vestidos nuevamente como Fidel, incluyendo los cigarros de plástico que colgaban de sus bocas.

Mi hermana y yo sacamos fuera del país todo lo que pudimos dentro de esos muñecos. Ella, al ser mayor, estaba a cargo de llevar los artículos de plata de la familia. Una de nuestras abuelas nos había hecho vestidos de marinero que eran blancos, hermosos, con grandes cuellos y dobladillos enormes. Dentro de los dobladillos y abajo de los cuellos iban broches de oro y de diamantes que habían sido comprados con pesos. El resto fue dejado atrás, en las cajas fuertes escondidas en las paredes. La familia hizo todo por sí misma. El personal contratado no era de fiar, ya que incluso los empleados más leales estaban formando alianzas con la revolución. A todos se les dijo que las mujeres y los niños estarían tomando unas vacaciones en familia, mientras que los hombres iban de viajes de negocios.

Todavía puedo sentir el peso de la muñeca y el vestido, caliente y áspero bajo el sol abrasador de Cuba. Incluso a finales de octubre, el calor en la isla era tan intenso como su clima político. A escasos meses desde el comienzo de la revolución, la playa de Varadero, el *country-club* y los bellos vestidos se había convertido en nada más que un recuerdo que a cada minuto se volvía más tenue. Mi familia estaba a punto de embarcarse en su nueva realidad. Siempre sentí que debido a que la fortuna de la familia había sido hecha gracias al esfuerzo y al sudor propio, que así mismo volverían a superar las dificultades; el tiempo nos mostraría la veracidad de esa creencia. Mi padre tenía 34 años cuando con coraje llevó a su joven familia lejos de todo lo que conocía y hacia un futuro sin rumbo fijo.

Recuerdo bien ese día. Se les había dado el día libre a todos los trabajadores, excepto al chofer. Mi padre había salido temprano en la mañana con sólo un maletín en la mano, mientras que mi abuelo paterno había partido el día anterior. Ambos se dirigían a Miami. Mi abuelo materno se fue en otro vuelo de la mañana, pero con destino a España vía Nueva York. Ahora, sólo las mujeres y los niños estaban en la casa para empacar lo que quedaba e irse para siempre. Con 37 maletas preparadas en varios carros, nos fuimos para el aeropuerto. Yo estaba de rodillas en el asiento trasero mirando por la ventana y agarrando mi muñeco de Fidel Castro. Tenía instrucciones de tenerlo cerca, y de no apoyarlo en ningún lugar, ni por un momento. Yo no sabía lo que estaba realmente sucediendo, pero recuerdo haberme dado cuenta muy claramente en mi corazón que nunca volvería a ver mi casa, mi calle, ni el largo tramo del paseo lleno de neblina inquietante, conocido como El Malecón. También pensé que nunca vería a mi padre ni a mis abuelos de nuevo.

Una abuela se fue para España y la otra para Costa Rica. Mi madre, mi hermana y yo nos quedamos solas en la pista esperando el vuelo 35 de Pan Am, un DC-3 que nos llevaría en ese viaje a Miami. Mirándolo retrospectivamente, la escena de una joven madre con sus dos hijas agarrando muñecos de Fidel Castro de tres pies de altura, con 37 maletas apiladas a su alrededor, era exactamente la imagen que la familia había querido mostrar. Esto no era nada más que unas vacaciones de lujo. Cuando abordamos el pequeño DC-3, mi hermana y yo nos sentamos una al lado de la otra, yo junto a la ventana. Mami se sentó sola en un asiento individual del otro lado del pasillo. Justo cuando los motores comenzaban a ponerse en marcha y el sonido chirriante se hacía más fuerte, llamaron a mi mamá y la hicieron salir del avión.

Mi hermana y yo nos quedamos sentadas allí, en el calor, abrazando nuestras muñecas, mientras mi mamá estaba de pie en la pista parada junto a una maleta que se había incendiado. Mi hermana vio que yo estaba muy asustada y que las lágrimas empezaban a correr por mis cachetes, y puso sus brazos alrededor mío, para protegerme. Estaba asustada también, pero como era la mayor, sabía que su lugar era el de ser la más fuerte de las dos. Los minutos pasaban con lentitud, y mi mamá no regresaba Podíamos oír que el piloto y la tripulación querían dejarla en tierra y que el vuelo despegara a la hora prevista. Comenzó a rodar por la pista, y yo empecé a llorar más fuerte, tanto que mi llanto se escuchaba por encima del ruido de los motores. ¡No me iba a ir sin ella! Un anciano caballero con figura autoritaria, que estaba sentado dos filas detrás de nosotras, le ordenó al piloto que esperara, y que llevara rápidamente el avión de regreso a donde ella estaba, todavía discutiendo con las autoridades cubanas. Después de un rato, la dejaron subir de nuevo, y nos fuimos. Una de las maletas se había incendiado. Mi madre se quedó a explicar por qué estaba llevando su colección de fósforos consigo, de vacaciones .Yo admiro la fuerza que tenía.

En realidad, la fuerza y la determinación que todos ellos tuvieron, para irse de su país, era admirable. Ese día, toda mi familia dejó la isla para siempre, dejando tras de sí no sólo la revolución comunista, sino también sus hogares, sus empresas y la única vida que habían conocido. Éramos simplemente una familia más de las miles de familias que llegaron a Miami ese año. Era 1960.

Capítulo
Dos

*N*uestra nueva forma de vida en Miami consistía en chapotear en la piscina y comer fuera todas las noches. Vivíamos en una hermosa habitación en el hotel *Vagabond* en Biscayne Boulevard. A pesar de que se trataba de un solo cuarto, y que ya nada tenía que ver con el lugar que acabábamos de dejar atrás, a mí me parecía un lugar perfecto. Todas las mañanas mi mamá, mi hermana y yo jugábamos en la piscina y luego, íbamos de compras. Yo no lo sabía entonces, pero mi padre se había asegurado de que la transición fuera lo más fácil posible para mi mamá. Ella había sido criada en una vida de lujo, y todo lo que sabía acerca de la cocina lo había aprendido en la escuela de gastronomía gourmet, en la que lamentablemente no le habían enseñado nada sobre los pormenores de comer picadillo de carne y arroz con frijoles negros.

Nunca nos había criado sin ayuda, y sin embargo ahora se encontraba con dos niñas pequeñas y toda una vida por delante. No le fue fácil. Había recibido una excelente educación norteamericana en Cuba, gracias a las monjas del Colegio de las Ursulinas: una educación muy estricta que además de religión incluía aprender buenas maneras y buen comportamiento. Cuando salió de Cuba, estaba bien preparada y podía escribir y hablar el inglés con fluidez, aunque tenía un fuerte acento. En ese corto vuelo desde Cuba a Miami, mi madre se encontró de pronto sola con dos hijas a cargo para criar. Sus padres habían elegido recorrer España y Europa, y más allá de la presencia de sus suegros, la habían dejado a su propia suerte, sola. Este fue probablemente el mayor desafío que tuvo que enfrentar en su vida.

Mi padre pasaba sus días explorando de qué manera iba a ganarse la vida. Mis abuelos paternos inmediatamente compraron una pequeña casa en el área que hoy se conoce como el *Design District,* cerca de Biscayne Boulevard, en Miami. La mayoría de las familias cubanas no estaban preparadas para echar raíces en Miami, porque eso demostraría que habían renunciado a la idea de regresar a Cuba. Muchos adoptaron una actitud de esperar y ver qué pasaba, para así determinar cuándo podrían regresar. Mi abuelo fue más pragmático: Él estaba convencido de que nunca volveríamos, y por lo tanto, una vez más comenzó un nuevo negocio en Miami, años antes de que otras familias cubanas finalmente se dieran cuenta que debían hacer lo mismo.

Después de varios meses, mi padre nos mudó a un pequeño apartamento en Coral Gables. Fue allí donde mi hermana y yo aprendimos a tender las camas.

Recuerdo las lágrimas que cayeron de los ojos de mi mamá la primera vez que me vio hacer una cama. Nuestra vida pasada realmente había terminado para siempre.

Fue por ese entonces que mi mamá me enseñó a barrer el suelo. No me di cuenta de la importancia que esto tendría en mi vida años más tarde. Recuerdo haber tomado la escoba con la mano por primera vez, juntar el polvo y abrir la puerta principal para echarlo fuera. De pronto, mi mamá cruzó casi volando la habitación, cerró la puerta y me dijo seriamente que debía barrer el polvo hacia el centro de la habitación y recién ahí recogerlo, pero que jamás debía barrer cerca de la puerta ni sacar el polvo por ella. ¡Qué extraño es eso!- pensé. Aún sin saber por qué, hice lo que se me había dicho, y hasta el día de hoy sigo barriendo el suelo de esta manera. La importancia de este detalle sólo saldría a la luz un cuarto de siglo más tarde.

Cruzando la calle del apartamento estaba la sirena de alarma contra ataques aéreos, firmemente atornillada al techo del antiguo *Coliseum* en Coral Gables. Esto fue durante la época de la invasión de la Bahía de Cochinos en Cuba y aproximadamente un año después de la crisis de los misiles cubanos. A la 1:00 de la tarde, todos los sábados, la sirena ensordecedora gritaba por un total de dos minutos, jamás dejándonos olvidar que no podíamos bajar la guardia ni seguir adelante viviendo una vida normal.

Durante esos días en Miami en todas partes se hablaba de la invasión de Bahía de Cochinos donde quiera que uno fuera: desde el café cubano de la esquina, hasta cualquier restaurante, en todos los negocios y en todas las esquinas. En la comunidad cubana todos conocíamos muchos de los nombres de aquellos quienes iban a luchar por la libertad de Cuba; pero sin embargo, años más tarde leí que se trataba de una operación encubierta de la CIA... Nunca entendí cómo fue eso. Al final de cuentas, la comunidad cubana sintió que el gobierno de EE.UU, bajo la administración Kennedy. les había dado la espalda y que había abandonado al pueblo cubano.

Por muchos años el voto cubano se inclinó hacia el lado republicano, debido al malogrado acercamiento de los estadounidenses a la política cubana.

También recuerdo claramente la crisis de los misiles de Cuba, que tuvo lugar en octubre de 1962. Había un desfile constante de misiles que pasaban por la Calle 8, marchando desde Miami hacia Key West. Por la carretera, desde el norte, venían los camiones de plataforma del ejército llevando los misiles apilados y cubiertos con lonas de camuflaje. Una tras otra, esos sudarios se abrían camino por las calles de Miami para que todos las vieran. Este fue el momento en la historia del mundo cuando se estuvo más cerca de una guerra nuclear. Los aviones de reconocimiento del ejército de los Estados Unidos habían sido capaces de tomar fotografías que revelaban la presencia de instalaciones de misiles soviéticos en Cuba, a escasas 90 millas de la costa de los EE.UU. Las fuerzas militares fueron a "Defcon 2", lo que indica la inminencia de la guerra. Por suerte, la Unión Soviética dio marcha atrás e inmediatamente cerró su instalación militar. Fue este acto el que permitió que ambos países continuaran en guardia, pero ya no al borde de una guerra mundial. Un recuerdo de aquellos tiempos que aún persiste en mi memoria, eran los preparativos contra bombardeos aéreos que hacíamos en la escuela *dos veces por semana*. Durante esos simulacros todos nos apurábamos a salvar las estatuas de Jesús y María que estaban sobre las repisas de las ventanas y a esconderlas debajo de nuestros escritorios hasta que las maestras nos dieran el visto bueno. Aquellos fueron días estresantes en Miami, y la tensión se hacía presente en la escuela, en las calles y en los hogares.

Capítulo
Tres

*M*e inscribieron la mejor escuela católica que había en la zona de Coral Gables, la que todavía no había visto una afluencia importante de gente cubana como sucedería más adelante. Mis padres querían que la familia se asimilara lo más pronto posible: que habláramos inglés impecablemente y que todos tuviéramos las mismas oportunidades que los niños americanos. No tuve amigos de habla hispana por muchos años, y en casa mis padres nos hablaban solamente en inglés. Empecé en esa nueva escuela en Coral Gables en el primer grado. Todas las alumnas íbamos vestidas con pequeños uniformes almidonados y con los zapaticos típicos de los colegios privados, de cuero, blancos y negros, y cubriendo nuestra cabeza, en todo momento, unas gorritas de color azul claro. Siempre nos decían que éramos el ejército de los niños de Di-s. La escuela era muy grande y tenía dentro del complejo una enorme iglesia, un centro de recreación, un convento y una casa parroquial. Todo el colegio abarcaba varias manzanas del mismo barrio. La religión católica nunca había sido parte importante de mi vida en Cuba, y si alguna vez lo fue, yo ni me había enterado. Quizás estaba muy pequeña y no me daba cuenta. Al contrario, en mi nueva escuela en Miami vivíamos la religión católica al máximo. Todas las mañanas los estudiantes se alineaban clase por clase, según su estatura, en el enorme patio. Cantábamos el himno nacional para jurar lealtad a la bandera de los Estados Unidos y luego rezábamos por media hora, en la que no se permitían interrupciones de ningún tipo. Yo siempre fui la de estatura más baja, y por lo tanto siempre me tocaba ser la primera en esas interminables filas. Luego tenia que guiarla para regresar a los salones de clase mientras íbamos cruzando todo aquel inmenso patio. Este proceso se repitió todos los días de colegio durante los siguientes ocho años, los más formativos de mi vida. Finalmente en mi graduación de octavo grado, yo era todavía la más bajita y la primera en la fila. Incluso hasta el día de hoy firmemente creo que fue una bendición el haber sido tan pequeña, ya que así aprendí a estar al frente y liderar al resto. Siempre agradezco a Di-s por los muchos éxitos que he disfrutado debido a esa lógica.

En mi clase, la mayoría de las maestras eran monjas, y la religión católica se enseñaba diariamente, profundizando en todos sus matices. La clase de dogma no era una clase cualquiera, sino la única que importaba realmente. Recuerdo cuánto yo las molestaba a las monjas, ya que no dejaba de preguntarles con persistencia acerca de la Torá- o del Antiguo Testamento- como yo le decía en aquel entonces.

Nos enseñaban que Adán y Eva realmente habían

existido, que Noé y el diluvio eran reales, pero que la mujer de Lot no se había realmente convertido en una estatua de sal .También nos decían que era posible que los Hebreos hubieran sido esclavos en Egipto, pero que tal vez no lo habían sido, y que no era verdad eso de vagar por el desierto por cuarenta años y que el maná no era más que un símbolo. Aprendimos que algunos relatos del Antiguo Testamento eran ciertos, mientras que otros sólo estaban allí para mostrarnos cosas desde una perspectiva más amplia.

Yo sufría con estas incongruencias contra las cuales luchaba. Para mí, las cosas debían ser todas negras o todas blancas, todo cierto o todo cuento, pero esta cosa a mitad de camino no me era aceptable ni siquiera a esa tierna edad. Estuviera en el grado escolar en el que estuviera, enloquecía a las monjas con mis preguntas desesperadas en busca de una respuesta satisfactoria que nunca llegaba.

Finalmente, cuando estaba en cuarto grado llegó el día en que mis preguntas fueron tomadas en serio: la Hermana María José me acompañó hasta la casa parroquial donde vivían los sacerdotes. Pensé que lo hacía para que alguien con más conocimientos que ella pudiera ayudarme a saciar mi curiosidad de una vez por todas. Tenía que reunirme con el Monseñor, el que hasta ese momento yo sólo había visto de lejos en el altar, todo vestido con muchas sotanas largas con volantes, unas sobre otras, de seda y satín, que se usaban para las misas solemnes. También sabía que una vez que llegara a sexto grado tendría dos semestres exclusivamente dedicados a estudiar las vestiduras sacerdotales. No sé por qué ese pensamiento se me vino a la cabeza aquel día.

La realidad es que yo nunca lo había visto como una persona normal y corriente, pero allí estaba yo, sentada en un pequeño banco de madera de la sala de estar, esperándolo. Sentí que estaba siendo castigada, pero no tenía la menor idea qué había hecho de malo. Yo estaba impresionada por la opulencia de aquel cuarto: altas cortinas rojas dobladas sobre majestuosas borlas doradas; una larga mesa de comedor de ébano, con elegantes sillas de respaldo negro; e imágenes de santos en cada esquina. Había entrado en el *inner sanctum*, y era algo esplendido pero que daba miedo. Cuando por fin vino para hablar conmigo, estaba vestido con pantalones negros, camisa negra y con un cuello blanco. Me chocó verlo con su atuendo informal y se sentó delante de mí en una alta y maciza silla de terciopelo rojo. Luego, se inclinó hacia mí, cruzó las manos y me dijo que las monjitas estaban preocupadas porque yo no parecía tener fe en sus enseñanzas. Eso fue como recibir un golpe inesperado: yo no me había dado cuenta de que hacer preguntas era inadecuado y que yo debía limitarme a aceptar lo que me dijeran. Aún siendo tan joven como era, esto me perturbó profundamente. Mis amigos no entendían por qué me importaba tanto, pero yo no lo entendía bien tampoco. Es que para mí las preguntas seguían llegando, e incluso con tan pocos años de vida, mi alma comenzaba a agitarse.

Mis padres siempre me enseñaron que preguntar era la mejor forma de aprender, y sin preguntas ningún tema podía ser comprendido plenamente. Yo me sentía temblar por dentro sabiendo que esta era una oportunidad más que única: Yo nunca había oído decir que a ningún otro estudiante lo hubieran llevado a la rectoría para sostener una conversación privada como aquella que yo estaba teniendo. Entonces, inspiré profundamente y le pregunté por qué el Antiguo Testamento era despedazado y dividido en partes, y por qué algunas había que tomarlas como verdades literales y otras como parábolas destinadas a transmitir una lección más profunda. Luego cuestioné si no habría sido mejor que el autor hubiera escrito, por separado, un libro para la palabra de Di-s y otro para las historias de Di-s. Hice la pregunta exactamente de esa manera. Nunca olvidaré cómo él se echó hacia atrás, se agarró de los costados de la silla apretando sus nudillos hasta que se volvieron blancos, y cómo me miró fijamente a los ojos, taladrándome con los suyos de color azul claro.

"La Biblia es muy compleja", explicó, "y es por eso que el clero pasa muchos años estudiando, para así poder compartir ese conocimiento con la gente común". También agregó que las complejidades eran tales que para que fueran entendidas por todos, la materia debía enseñarse de esa manera y no de ninguna otra. Finalmente me explicó que la tradición de la Iglesia católica era tener fe ciega en los mayores, los que tienen el conocimiento. Fue incluso más allá, al decirme que el Antiguo Testamento no era nada sin el Nuevo Testamento, porque la base de la religión había comenzado con el nacimiento de Jesús. Incluso, se animó a agregar que el Nuevo Testamento era más importante que el Antiguo. Confundida, le pregunté por qué entonces estábamos obligados a pasar años y años aprendiendo solamente el Antiguo Testamento.

Él meneó lentamente la cabeza y me dijo que yo debía rezar más. Que debía orar por la fe y la iluminación, o de lo contrario me apartaría del camino de los justos. Eso sonaba terrible, pero lo peor es que sentí que me habían matado de un tiro: Mis preguntas no sólo se quedaron sin respuesta, sino que mi respeto por los superiores de mi religión desapareció ese día fatídico, cuando su representante se retorcía, dudaba, tartamudeaba y titubeaba ante las preguntas de una niña de ocho años. Luego de esto, el Monseñor se levantó, me bendijo y abandonó la habitación. Yo me sentía peor que antes y lamentablemente sólo llegué a enterarme mucho más tarde que la opinión que acaba de oír era de índole muy personal y no necesariamente una idea compartida por todo el clero. Pero por desgracia, él era la autoridad suprema en mi parroquia, y todo lo que él decía debía ser acatado.

Al día siguiente me informaron que ya no tendría recreo al aire libre con el resto de mi clase: yo tenía que ir a aprender latín con las niñas mayores. La Hermana María José me dijo que el Monseñor había dispuesto específicamente que yo aprendiera a leer, hablar, rezar y cantar en latín tan pronto como fuera posible. El suponía que con ese régimen de estudios me acercaría a la fe. "¡Qué bien!"- pensé- "¡ahora me he quedado atrapada en un salón de clase- y sin recreo - durante todo el día!". Sí, había sido castigada por preguntar. Nunca volví a abrir la boca en la escuela sobre estos temas religiosos. Sin embargo, hasta el día de hoy le agradezco al Monseñor por los profundos conocimientos de un latín fluido, que siempre me ha ayudado en mis conocimientos de las bases de otros idiomas.

A partir de ese entonces, yo me convertí en el modelo perfecto de la niña católica con uniforme de falda escocesa con verdes y rojos, y con todas mis oraciones en latín .Iba a misa todas las mañanas y obedientemente cantaba en el coro durante los varios funerales de monjas y sacerdotes. Hice mi Primera Comunión y estudié los cientos de preguntas que el Catecismo de Baltimore requería para completar mi confirmación. Hice todas las cosas que tenía que hacer. Mi única escapatoria fue que mis padres siempre habían deseado que tuviéramos una educación muy completa, y así fue que nos matricularon en una gran variedad de clases a las que asistíamos después de la escuela. Mientras el punto fuerte de mi hermana era tocar la guitarra española, el mío fue estar cabeza para abajo en las clases de gimnasia deportiva, Yo era una buena gimnasta en aquella época y pasaba cada minuto libre en un aparato de gimnasia o el otro. Tenía un instructor privado que esperaba y exigía lo mejor de mí. Pasé muchos años de mi juventud haciendo gimnasia, como animadora de juegos de futbol, saltos de trampolín en la piscina y participando de muchos otros deportes competitivos.

Mis años de escuela primaria pasaron y yo nunca sentí que encajara en ella. Seguí la moda, cumplí mecánicamente con las formalidades, oré fuerte como los otros, pero todo era un gesto externo. Dentro de mi interior, allí en lo más hondo, sabía que algo andaba mal pero no tenía a nadie que me entendiera y con quien compartir mis sentimientos más profundos. En una o dos ocasiones intenté hablar con una u otra monja, pero ¿cómo podían ayudarme cuando yo misma era incapaz de comprender estos sentimientos?

Participé en todas las ceremonias de la Iglesia, incluyendo las ceremonias en honor a la Virgen María durante el mes de mayo. Cada uno de los niños de la escuela tenía un proyecto asignado: algunos hacían una pequeña capilla y otros un diorama a María. Cada uno de los mil estudiantes debíamos pasar delante de la gran estatua de la Virgen María que estaba en el patio, desfilando con nuestras obras de arte. Un estudiante sería elegido para mostrar su obra y también tendría el honor de coronar a la estatua de la Virgen todos los días durante el mes de mayo. Una vez en el quinto grado, fui elegida para cumplir con este honor. Francamente pensaba que era tonto ponerle una corona a una estatua de mármol, pero aún así disfruté construyendo el diorama en la clase de arte.

Mientras estaba en la escuela y durante la semana, tenía que ir a misa todas las mañanas con mi clase. Debido a que era una iglesia muy importante en aquellas épocas en Miami, también tenía que ir durante el día y cantar en el coro cuando había un funeral de una monja o un sacerdote. A veces esto significaba ir a misa tres veces al día. Lo que más recuerdo de esas misas funerarias era la cantidad de incienso y el humo espeso y empalagoso que nos envolvía.

La escuela también nos requería que fuéramos a misa todos los domingos. Todo estaba muy controlado, porque nos daban a cada uno de nosotros cincuenta y dos sobres al inicio del año escolar, que debían ser entregados en la misa de los domingos con nuestro nombre escrito en ellos y con la donación semanal. Si un estudiante, o al menos el sobre, no aparecía, uno era interrogado el lunes. Mis padres nos dejaban a mi hermana y a mí en la puerta de la iglesia los domingos y nos recogían a la salida. A pesar de que confiaba en mi familia, nunca había compartido las dudas que tenía en mi interior. Éramos católicos, siempre habíamos sido católicos y eso era todo lo que había para decir del tema. ¿Cuál era la pregunta?

Capítulo
Cuatro

*D*esde joven asistía a un campamento de verano en un centro para jóvenes en Coral Gables. Fue allí donde conocí a primera amiga judía. Mi papá me dejaba temprano, antes de que se abriera y ella llegaba temprano también. Su nombre era Rachel. Ella me dijo que era judía. Yo, hasta ese momento, nunca antes había oído la palabra ni sabía lo que significaba. Ella llegaba todos los días con su propia comida y ni tocaba lo que nos servían en la mesa. Se sentaba solita en una esquina y ahí comía sólo lo suyo. Todas las mañanas nos sentábamos juntas y tomábamos el desayuno: yo compraba el mío y ella ya traía el suyo preparado en casa, en una bolsa de papel cartucho. Tan crueles llegan a ser los niños a veces, que todos se burlaban de ella.

Yo, sin embargo, seguía a Rachel como una luciérnaga con la luz. Estaba fascinada, y me pegaba a ella como con pegamento. Durante varios años en los veranos, Rachel fue mi mejor amiga. Todos los días hablábamos por horas, y ella me contaba sobre los días festivos judíos, incluyendo Pesaj y la lectura de la historia de los judíos cuando salieron de Egipto. Le pregunté si la historia era verdadera o si se trataba de una parábola de la cual debíamos aprender algo. Rachel me miró muy sorprendida y me dijo que por supuesto era verdad. Que toda lo que estaba escrito en la Torá era cierto. Le pregunté por qué y me dijo simplemente: "Porque Di-s la escribió". Al día siguiente, sigilosamente y a escondidas, saqué la Biblia católica de mi casa y se la llevé a Raquel, pidiéndole que me mostrara dónde estaba la Torá y allí estaba, incrustada dentro del Antiguo Testamento, ese que yo había estudiado tan meticulosamente en la escuela. Esta respuesta venía de una niña de ocho años, y era una respuesta que por fin tenía sentido para mí. Una respuesta que ni el Monseñor ni todas las monjas juntas me habían podido dar .O quizás, era una respuesta que ellos no sabían dar por que lo miraban de una perspectiva católica.

Rachel me entretenía con historias de Janucá y las del elaborado trompo al que ella le decía "dreidel", o me contaba sobre la miel que su familia usaba para cocinar durante las fiestas del Año Nuevo. Esta celebración curiosamente caía en el mes de septiembre y no a finales de diciembre como el Año Nuevo que yo conocía. Todo me resultaba tan extraño; tan ajeno, y sin embargo, lo veía como algo maravilloso. Era diferente a todo aquello que me rodeaba en mi vida hasta ese momento. No me importaba para nada que ella no celebrara la Navidad o la Pascua Florida, porque aquellas otras fiestas me parecían increíbles y maravillosas. Todas giraban alrededor de la comida, las celebraciones y los rezos.

Rachel siempre llevaba puesta una cadenita muy fina de oro alrededor de su cuello, donde colgaba una pequeña estrella de David. Hasta el día de hoy, todavía puedo recordar la fascinación que yo tenia por aquella estrella que suavemente se movía mientras jugábamos. Al final del verano, siempre me despedía de ella con los ojos llenos de lágrimas, ya que ella no era de Miami y no tenia manera de verla durante el año escolar. Durante ese tiempo yo anhelaba encontrar lugares donde hubiera otra gente judía. Por supuesto que esto no era posible dado que el medio en que me criaba era como vivir bajo una campana de cristal, pero sin embargo no se extinguía mi deseo de encontrar alguna conexión con el judaísmo. Era inexplicable y no tenía sentido: Me sentía más a gusto con cualquier persona judía que ocasionalmente conociera, que en el interior de una iglesia. Después de tres años de compartir los veranos con Rachel, me llevé una gran desilusión aquel verano en el que ella ya no vino. Jamás volví a verla y ella nunca sabrá el impacto que tuvo sobre las vueltas que dio mi alma.

Los años pasaron, y yo fluía con ellos. Fui a una escuela secundaria católica en Coconut Grove, unos de los sectores más antiguos en Miami .Era una agradable escuela para niñas, lo que cambió después de mi primer año, ya que para los tres siguientes dejaron entrar varones. La escuela se hallaba en la Bahía de Biscayne, sobre acres y acres de exuberante belleza natural. Era un lugar tranquilo_en un entorno precioso: sin embargo, aún me sentía inquieta. Una vez más me encontraba inmersa en un ambiente escolar católico.

Sin embargo, los tiempos estaban cambiando rápidamente. Eran los finales de los años sesenta y el movimiento *hippie* estaba muy extendido, al igual que los *love-ins* que ocurrían a unas pocas cuadras de distancia de mi casa, en el centro de Coconut Grove, el que se había convertido en un barrio de moda en Miami. El clero sabía que los corderos se les iban a perder en aquel tumulto si la Iglesia no cambiaba y se "modernizaba". Esto coincidió con que el Concilio Vaticano II fue convocado en Roma. La Iglesia se daba cuenta de la existencia de esos pensamientos modernos que florecían en muchos países del mundo, y decidió tomar cartas en el asunto. Como resultado, este Consejo tomó decisiones importantes que afectarían a la Iglesia católica en todo el mundo, y que darían paso a un enfoque más moderno en la religión. Atrás quedaban los largos hábitos negros usados por las monjas y los pañuelos almidonados con los que se cubrían todo el cabello. En su lugar aparecían vestidos que llegaban hasta la rodilla y un velo también corto, con su poco de cerquillo adelante. Atrás quedaron los pantalones negros y las camisas negras con cuellos clericales blancos que usaban los sacerdotes y los hermanos. Ahora vestían camisas de polo en colores pastel.

Sin embargo, los cambios más importantes se notaban en la misa. Se daban por obsoletos los largos - y sin embargo familiares- servicios en latín, aquellos con incienso y todo lo que yo había conocido hasta ese entonces. En su lugar, en mi iglesia y en la escuela aparecieron los servicios en la playa que se daban al amanecer o al caer el sol, acompañados con una hogaza de pan y una botella de vino. Todo el mundo se mecía suavemente mientras los sacerdotes y las monjas tocaban la guitarra sentados en la arena.

¿Qué estaba pasando? ¿Acaso yo era la única persona normal que quedaba en el mundo? La clase de religión se impartía ahora bajo los árboles. Todo el mundo parecía estar en contacto con sus propios sentimientos y gustoso de compartirlos abiertamente. ¿Yo? Yo estaba tan, tan fuera de contacto con mi religión que ya que ni siquiera me molestaba en hablar del tema. Yo anhelaba lo que me había sido familiar: la continuidad, el rigor y la forma en que las cosas habían sido hasta ese momento. ¡Hasta llegué a extrañar la misa en latín que alguna vez me habían forzado a aprender! La misa ahora se daba en inglés o en castellano: en el idioma nativo de cada país en que se diera la misa. La Iglesia apostólica católica romana había decidido que ya era tiempo de cambios, y cambios hicieron. Hubo un moviendo importante que se inició en esos días en la Iglesia, que se llamaba "Movimiento familiar cristiano". Estos eran una serie de retiros de fin de semana, donde se dejaban de lado los teléfonos, los periódicos, o cualquier otro tipo de distracción exterior, y adonde iban los mejores estudiantes de la escuela. Entre ellos, unos pocos elegidos servían como líderes espirituales de los demás. El movimiento se extendió como reguero de pólvora por todo el país. Ese fin de semana estaba cubierto por un halo de misterio, porque no queríamos estropear la experiencia de los grupos que venían después de nosotros. Había conferencias, grupos sobre el poder de la oración, grupos para contactarse con los propios sentimientos, y todo el mundo terminó haciendo amistades de por vida con su grupo de encuentro. Como de costumbre, yo estaba en la vanguardia: era una de los líderes y daba conferencias sobre la espiritualidad. Mientras yo pudiera compartir lo que sentía por dentro sobre cómo ser más espiritual y cómo conectarse en un nivel más profundo con Di-s, yo me sentía bien. Esto era manejable. Lo que no podía hacer era aceptar el sistema de creencias de la fe católica, dados los conflictos contra los que me enfrentaba. Yo creía en un Di-s, pero todo lo demás me era inaceptable. Para ese entonces yo ya sabía que había otras opciones, pero no fui a investigarlas. Sólo tenía 14 años.

En la escuela había una gran mayoría de chicos cubanos, pero mis amigas más cercanas seguían siendo aquellas chicas norteamericanas con las que había cursado la escuela primaria. Yo continuaba sintiéndome como que no encajaba, pero la mayoría del tiempo yo estaba tan ocupada con mis variadas actividades y con el trabajo escolar, que no tenía tiempo para pensar en los asuntos íntimos de mi alma. Para ese entonces ya tenía varios amigos judíos, pero mis padres no sabían de su existencia y nunca se enteraron. Solía hablar con ellos por teléfono durante horas, pero rara vez llegábamos a vernos. Hablábamos de todo, y así fui aprendiendo más y más acerca de la vida judía y las creencias. Por razones inexplicables, siempre me sentía conectada con todas las personas judías que llegaba a conocer.

Capítulo
Cinco

Yo era muy joven cuando llegó el momento de entrar a la universidad, y a los 16 años fui aceptada en la mejor universidad católica de Miami, con becas. Mis padres, siendo cubanos y muy estrictos, no me permitieron irme de Miami para asistir a una universidad lejos de la casa. A mi hermana se lo habían permitido pero yo - el bebé – ¡NUNCA! Era impensable. Tomé la opción de asistir a esa universidad local, y como yo era tan joven y mis padres eran tan estrictos, no me dejaban tener carro y por lo tanto vivía en los dormitorios junto con las monjas que también estudiaban en esa universidad. ¿Acaso jamás habría un final para esto? Para ese entonces, las monjas ya eran muy modernas: llevaban faldas, incluso más cortas, y blusas normales. Ya no usaban más cofias ni velos. Llevaban el pelo corto, y lucían como cualquier otra de las alumnas.

Mi compañera de cuarto era la única otra estudiante que también tenía 16 años, y sorprendentemente, se había criado en un hogar semi-judío. ¿Qué estaba haciendo entonces en esa escuela católica? No hay coincidencias en la vida. Naturalmente, nos hicimos amigas rápidamente. Ella sabía de todo. Como se había criado en un hogar judío, me pasaba horas y horas tratando de juntar, pizca por pizca, hasta los más mínimos detalles sobre la religión, sobre el Shabat, o sobre cualquier cosa que pudiera aprender y entender .Todo esto la aburría hasta el cansancio porque ella misma no era religiosa en absoluto, y supongo que como compañera de habitación le resultaba un fastidio. Sin embargo, solíamos hablar durante largas horas de la noche, y ella era siempre rápida con las respuestas. Para entonces, yo ya había adquirido lo que yo llamo un conocimiento práctico del judaísmo, y aunque estuviera rodeada por el catolicismo, mi alma iba poco a poco cambiando.

Me inscribí en un semestre de teología y religiones comparadas, enseñado por la Decana del Departamento de Teología, quien era una monja brillante, la que más tarde se convertiría en la Presidenta de la Universidad. Su conocimiento era algo fuera de serie. Por fin aparecía la oportunidad de analizar los principales problemas que había tenido con la religión católica en un entorno educativo. Gracias a la profesora pude desarmarlos, para luego poder compararlos y contrastarlos. Por ejemplo, había tenido problemas con el concepto de la Trinidad y el nacimiento virginal, así como con el sermón de la montaña del Nuevo Testamento, cuando Jesús les decía a sus seguidores que no sólo debían seguir la letra de la ley (la Torá), sino también seguir el espíritu de la Ley, y que ni una sola letra ni un punto de esta debía ser cambiado. Ese era en realidad uno de los mayores desafíos teológicos que tenía, porque el sermón de la montaña es visto como parte del código de ética católica, pero sin embargo iba en contra del Antiguo Testamento, el mismo que debería haber sido la piedra angular de la religión católica. Para ese entonces, la religión en la que había sido criada se iba derrumbando a mi alrededor. Todo esto me preocupaba enormemente, pero la mayor objeción que tenía era con el Concilio Vaticano II, y los cambios traumáticos que había traído a la religión que conocía desde pequeña.

A los pocos meses del Concilio, la misa en latín había dejado de existir en los Estados Unidos y ahora era muchísimo más corta. A veces la misa sólo duraba 40 minutos. Las mujeres ya no tenían que llevar un velo o mantilla para cubrirse el cabello en la iglesia, y podían ir a misa con pantalones en lugar de faldas o vestidos, lo que hasta ese momento había sido algo inconcebible. Se había dejado de lado el uso del incienso, y el sacerdote miraba hacia el público, en vez de hacia el altar. Además había aparecido nueva música, y se oía un montón de canto y guitarras. La gente abiertamente podía tocar las ofrendas de la iglesia, algo que antes había sido reservado sólo para los sacerdotes, y así aparecieron muchos cambios que son demasiado numerosos para mencionar. Para mí, la santidad se había esfumado. La veneración había desaparecido, y junto con ella mi convicción, antes inestable que finalmente ahora caía, desplomándose hasta un nivel todavía más bajo. Yo estaba lista para continuar hacia delante, lo que para mí equivalía volver a lo básico: al judaísmo, allí donde todo había empezado. Este había sido un cambio gradual que comenzó cuando yo era niña, en un campamento de verano muchos años atrás. Y finalmente tenía delante de mí la oportunidad de tomar algún tipo de "acción afirmativa". Viviendo en el seno de una familia completamente católica, no tenía con quién compartir mis pensamientos y sentimientos. Todo aquello que sentía no tenía lógica, pero hice lo que pude, que en ese momento fue estudiar sobre el judaísmo en clases privadas. Nadie podría quitarme lo aprendido.

Fue durante ese tiempo en la universidad que aprendí muchísimo más sobre el judaísmo Mi profesora de teología era increíble. Ella prestaba atención a todas mis preguntas y las respondía elocuentemente; tenia un conocimiento tan profundo como el que sólo podría haber soñado hasta ese momento. Pero lo más importante fue que tomó en serio todas mis inquietudes, y entendió mis conflictos y mis más profundos pensamientos. Yo sabía que ella entendía cuán honda era mi sed de conocimiento, pero nunca se trajo a la luz mi deseo de ser judía. Mi alma estaba en proceso de cambio, y ella seguramente podía sentir la agitación apenas audible para los demás. Sin embargo, desde su profunda profesionalidad, ella seguía dándome herramientas, comparando y contrastando todo de una manera estrictamente intelectual. Estoy segura de que ella debió darse cuenta, cuando terminé sus clases, de que me dirigía lenta e inexorablemente hacia la conversión al judaísmo. Tal vez no de inmediato, pero a la larga, ese sería mi camino; sin embargo, nunca fue algo sobre lo que habláramos. Siempre recuerdo cuando la vi por última vez, cuando con una voz suave me dijo que nunca olvidara que hay muchos caminos para llegar a Di-s, y que el camino correcto para mí sería aquel del que no desearía apartarme, ese sería en el que iba a poder alcanzar el más alto nivel de espiritualidad y de proximidad a D-s

Yo ya había terminado la escuela secundaria, y pasado por la universidad a una edad muy temprana, y con el fin de no romper la tradición, me casé con un hombre católico y cubano-americano cuando sólo tenía 17 años. Durante los años que siguieron, mi vida se volvió muy complicada, y yo no tenía tiempo para pensar sobre ninguna religión ni sus filosofías. Dejé la universidad en mi tercer año y comencé a trabajar en el negocio familiar, que me exigía el esfuerzo de viajar constantemente, mientras me dedicaba a trabajar de madre a tiempo completo, y además en aquellos primeros años continué siendo una estudiante de tiempo parcial. Como fruto del matrimonio tuve dos hijos con 11 años de diferencia. Mis días eran largos, llenos de esfuerzo y agobio.

Capítulo
Seis

*Y*a cerca de los treinta años retomé lo que había dejado de lado casi 15 años antes, y de a poco comencé a devorar volúmenes de libros sobre diversos temas judíos. Los largos e interminables viajes de trabajo en avión de pronto me ofrecían el tiempo necesario y la oportunidad perfecta para leer. Y una vez que comencé ya no hubo forma de dejarlo. Conmigo siempre viajaban innumerables libros sobre la *halajá*, la conversión, las fiestas, el *Shabat*, la filosofía y todo lo que llegara a mis manos. Cuando regresaba a casa, me aseguraba de que los libros desaparecieran. Mi alma ya no estaba en sintonía con mi cuerpo. Yo estaba dispuesta a seguir hacia adelante aunque no sabía lo que el futuro me traería. Mi primer marido y yo nos divorciamos, y continué mi búsqueda. Había pasado a pertenecer al grupo de madres solteras. Las cosas no eran para nada fáciles. Mi hijo tenía 15 años, y mi hija tenía 4.

Además de leer y estudiar todo lo que caía en mis manos, empecé a visitar sinagogas reconstruccionistas, reformistas y luego, conservadoras. Asistía a alguno que otro servicio de *Shabat*, y en algunas de estas la ceremonia no parecía tan diferente a las de las iglesias de mi pasado: especialmente teniendo considerando que tenían música, guitarras y donde el suave balanceo se mezclaba con las plegarias en inglés y en hebreo.

Esto no me cuadraba para nada. Había pasado tanto tiempo leyendo y aprendiendo sobre el *kashrut* y sobre el *Shabat* y sobre tantas otras leyes... y sin embargo, en algunos de estos templos no dudaban en servir mariscos en alguna celebración importante. Yo realmente no sabía lo que estaba pasando, pero me daba vergüenza preguntar, por temor de ofender. Sin embargo, me acerqué a preguntárselo a un rabino después de un servicio de viernes por la noche y él me dijo que no era necesario interpretar la *Torá* literalmente. ¿No era aquello lo que yo había aprendido siempre como católica? Tenía miedo de haber cometido un gran error, y de descubrir que todo lo que había estudiado fueran ideas que no se respetaban en la actualidad. Tal vez los ideales eran elevados, y tal vez las leyes eran observadas en Israel, pero no en Miami. Honestamente, yo no sabía qué pensar. Estaba llena de incertidumbre. Me sentí abrumada, pero debía seguir lidiando con los viajes, los niños y el negocio.

Sin embargo, no me desanimé. A esa altura se hubiera necesitado mucho más que eso para hacerme desistir. Regrese a mi búsqueda y a mis estudios muy seriamente. Me decidí a profundizar en ellos y a asistir a una sinagoga conservadora donde me sentía cómoda. Poco a poco empezaba a sentir que mi alma y mi cuerpo iban convergiendo y alineándose.

Yo estaba a gusto en el ambiente conservador, aunque siempre me sentaba en la parte de atrás y trataba de hacerme invisible. Durante las fiestas judías de Año Nuevo por ejemplo, cuando oía cantar el *Avinu Malkeinu*, las lágrimas caían por mis mejillas. Sentía en ese momento, y sigo sintiendo hasta hoy, una gran nostalgia en la sinagoga cuando escucho los rezos cantados. Presentía que estaba cada vez más cerca que nunca de mi verdadero hogar, y también comprendía que de la misma manera me alejaba cada vez más que nunca de la familia en la que me había criado.

Mi familia no me entendía. Había intentado hablarles sobre esto muchas veces, pero nadie me prestaba atención. Mi alma se agitó desde una edad muy temprana, pero sin embargo aquellos que me rodeaban se habían mantenido igual. ¿Por qué era yo tan diferente? ¿Era yo el tipo de persona que no podía vivir la vida, contenta y sin drama? ¿Qué era esta fuerza motriz que me separaba de todo lo que había conocido en mi vida?

A pesar de que había llegado a sentir cierto nivel de comodidad con los aspectos físicos de la sinagoga conservadora en sí, sentía que para mí no tenía suficiente la suficiente pompa y circunstancia. Finalmente ya me sentía lista para dar el siguiente paso y aventurarme a entrar a una sinagoga ortodoxa, más conocida como el *shul*. Yo había leído y estudiado y me había entrenado en la sinagoga conservadora, y pensé que finalmente estaba lista para dar el gran salto y cruzar al otro lado.

Capítulo
Siete

*H*abía una sinagoga pequeña cerca de mi casa, y nunca voy a olvidar el día en que entré la primera vez. Era una casa pequeña y antigua, del estilo Miami en los años 50, con un piso de azulejos mexicanos rojos, y lucía como un lugar tan acogedor como el que siempre había querido encontrar. Lentamente abrí la puerta, que crujió ruidosamente, y vino a mi encuentro el rabino, todo vestido de negro, con un gran sombrero negro en la cabeza y con una sonrisa en su rostro. Me dio la bienvenida gentilmente y me invitó a pasar. Esta fue, sin duda alguna, una experiencia completamente diferente. La sinagoga era muy pequeña, y estaba todo a la vista: El *Aron Kodesh*, la sección de los hombres, la sección de las mujeres, la cocina y el patio. Me sentí como en casa.

Me invitó a su oficina y con un par de preguntas de su parte, mis palabras empezaron a fluir a borbotones. Las puertas que habían estado cerradas se abrieron completamente. No había manera de detenerme. Entre el relato sobre la historia de mi vida y las lágrimas que se formaban en mis ojos, debo haber sido todo un espectáculo. Sin embargo, él sonrió y me hablaba suavemente. Me había encontrado un rabino paciente, amable, y tambіén muy gentil. Y con esa misma gentileza me dijo que no podría ayudarme.¡Me quedé fría! ¿Qué quería decir con que no podría ayudarme? Esto es lo que había estado anhelando, buscando, imaginando y soñando por tanto tiempo y por tantos años.

Definitivamente yo no esperaba una respuesta semejante. No me cabía en la cabeza eso de que no podría ayudarme ¡Noooooo! No podía ser de esa manera. Yo estaba atónita, su respuesta me había tomado totalmente por sorpresa, tanto que ni siquiera sabía qué decir. En total estado de shock, recogí mis cosas rápidamente, salí de la sinagoga despacio para luego correr hacia mi carro, y lloré durante un tiempo interminable. No podía creer que esto me estuviera pasando. Yo había pensado que iba a entrar, explicar mi historia, mis profundos sentimientos por el judaísmo, y que inmediatamente sería bienvenida: ¡Di-s mío! ¡Qué sorpresa más desagradableі. No sabía qué hacer ni a quien recurrir. Yo ya me había formado la opinión de el único camino era el del judaísmo ortodoxo, y esta era la única sinagoga ortodoxa que quedaba cerca de mi casa. Todos mis nuevos amigos judíos de las sinagogas reformistas no podían entender que yo quisiera una conexión con el judaísmo más tradicional y por lo tanto, no tuve ningún apoyo de ellos. El rabino ortodoxo había sido de lo más amable, y sin embargo, me había rechazado. Intelectualmente, sabía que eso era exactamente lo que se suponía que él debía hacer. Yo había leído lo suficiente como para saber que no le era permitido darle la bienvenida de inmediato a una persona que buscaba convertirse, pero de alguna manera, pensé que mi caso sería diferente.

Dejé pasar un par de días y decidí volver. El rabino me volvió a recibir de forma energética, con una sonrisa, e incluso – como si esto fuera posible- tratándome de forma aún más amable que la vez anterior. Abrí mi alma ante él, pero de una manera diferente. Le dije lo sorprendida que estaba y que había estado leyendo y estudiando durante años y años. También le dije que quería ser judía y que tenía que seguir en ese camino, y que quería aprender más. Yo quería que él me enseñara. Se sentó, sonrió y me pidió la lista de todo lo que yo había leído, y juntos, repasamos cada libro de la lista. Me aseguró que ahora, armado con esa información, hablaría con otros rabinos y me llamaría.

Esperé y esperé lo que parecía ser una cantidad infinita de tiempo, hasta el día en que me pidió que volviera a la sinagoga. Él había hecho los arreglos para que me reuniera con el *Beit Din*, el tribunal rabínico de Miami Beach. Pero sin embargo agregó que no podía comenzar a enseñarme hasta que ellos no me dieran la luz verde. A estas alturas, yo pensé: "misión cumplida", y me imaginaba que en pocos meses podría integrarme armoniosamente y sin sobresaltos al pueblo judío. ¡Qué poco que sabía en ese entonces, cuando yo creía que sabía tanto!

Esa primera visita al *Beit Din* fue una de las experiencias más intimidantes de toda mi vida. Fue algo que tuve que hacer sola. Nadie podía venir conmigo para darme apoyo moral. Me reuní con el jefe del tribunal rabínico de conversión, y le conté mi historia de nuevo, pero esta vez no hubo lágrimas porque mis emociones estaban bajo control. No sentí el calor de hogar que había sentido en la pequeña sinagoga cerca de casa. Los rabinos del tribunal no me dieron ningún tipo de ánimo ni de esperanza, escucharon mi historia con caras de piedra y sin sonrisas. Mis manos estaban frías, húmedas y heladas; mi corazón fue atrapado por el frío también. Al final de la reunión me dijeron que debía de aprender hebreo y que debía de regresar sólo después que lo aprendiera a leer y escribir.

Y así regresé a la sinagoga cerca de casa. Me sentía tan a gusto allí. Sabía que con el tiempo ese sería mi lugar para siempre. El rabino me dijo que me iba a enseñar hebreo comenzando con las plegarias más fáciles, de manera que pudiera aprender a leerlo. Esto era más fácil de decir que de hacer. Me senté junto a él por horas y horas, mientras que con paciencia me enseñó a leer y escribir las letras del *alef bet*, el ABC elemental. Hicimos esto una y otra vez hasta que llegue a tener un conocimiento rudimentario de la lengua hebrea.

Durante un par de años estuve yendo y viniendo entre el *Beit Din* y el rabino de lo que había comenzado a considerar como MI sinagoga. El rabino me enseñó durante incontables horas todo lo que tendría que saber acerca de las leyes de *kashrut* y el *Shabat* y muchos otros temas más. Incansablemente trabajó conmigo durante semanas, meses, años... pero el *Beit Din*, sin embargo, no parecía dispuesto a permitir que me convirtiera. Yo realmente no sabía qué más necesitaban para que yo pudiera completar el proceso. Creo que el hecho de que mis hijos no iban a convertirse conmigo pesaba sobre su decisión y los llevaba a retrasar la conversión, para asegurarse de que yo estuviera cien por ciento convencida.

Mientras tanto, yo seguía asistiendo a los servicios en la sinagoga, siempre sentándome atrás de todo. Nadie me hablaba. Fue una experiencia muy solitaria que duró mucho tiempo. Para ese entonces el rabino me permitía asistir a sus clases habituales, y yo asistía regularmente a los servicios. Comencé a tratar de respetar cada vez más las leyes dietéticas del *kosher*. No fue difícil para mí dejar de comer carne de cerdo o jamón ya que nunca había sido mi comida favorita. Pero dejar de comer lasaña y otras mezclas de carne y leche fue muy difícil, lo que ni se comparaba con abandonar los mariscos para siempre. Me fue difícil por un tiempo imaginarme una vida sin camarones, cangrejos, ni langostas pero sin embargo sabía que esto era un requisito para mi crecimiento espiritual. Deje de comer un tipo de marisco específico cada cinco o seis meses. El cangrejo fue el último de la lista. Ahora estaba ya bien encarrilada.

Una nueva familia empezó a venir a la sinagoga, y al final tuve una amiga. Su nombre era Bonnie. Ella y su esposo Artie, me invitaban a su casa para todas las fiestas judías, y finalmente logré sentir que yo también era parte de esto. Su familia era muy abierta y acogedora, y voy a estar eternamente agradecida por su cariño. Durante los meses siguientes pude celebrar la mayoría de los días de fiesta con ellos y sus familias.

Siempre tendré una deuda con ellos por haberme permitido entrar al *inner sanctum* de la vida judía. Todo el mundo necesita una mano en algún momento u otro de su vida, y esto es sin duda lo que necesitaba para completar mi formación fuera del ámbito académico. En la sinagoga nadie me prestaba demasiada atención, a lo sumo alguna que otra vez alguien me saludaban con la cabeza. Era difícil acostumbrarme a eso y se me hacía incompresible por qué todo el mundo estaba tan distante. Pero decidí que después de todo el arduo trabajo que había hecho, no tenía sentido seguir sentada mientras me ignoraban. Y así un *Shabat*, simplemente decidí levantarme e ir a la cocina con el resto de las mujeres, para ayudar a preparar el *kidush*, y empecé a hacerme un lugar en un grupo que era bastante cerrado No me ayudaba en absoluto el hecho de que yo no tuviera esposo y fuera una madre soltera. Pero poco a poco, me fui integrando cada vez más.

Después de un par de años así, recuerdo claramente el día que salí de la reunión con el *Beit Din* y fui directamente a mi sinagoga para hablar con el rabino. Le dije que no volvería a hablar con el tribunal. El proceso había sido arduo y me estaba afectando, y drenándome emocionalmente. Yo había hecho todo lo que ellos me habían indicado y había estudiado todo lo que me habían pedido, pero había estado yendo y viniendo con ellos por un tiempo que ya se me hacía demasiado largo, y yo sentía que no estaba haciendo ningún progreso para llegar a la meta. Le rogué que me ayudara a convertirme de alguna otra manera, tal vez con un grupo de diferentes rabinos que me pudiesen evaluar, en vez de estos. Él me conocía bien, ya que para entonces habían pasado más o menos tres años desde que llegué a la sinagoga, y finalmente él me dio una luz de esperanza. Él me dijo que debía reunir mi fuerza y continuar en el mismo camino por el que había estado viajando, pero que si por alguna razón yo fallara, entonces trataríamos de resolverlo de manera diferente. Aún después de escuchar sus palabras, me sentía abatida y no sabía cuánto tiempo más podría aguantar esa presión. Sentía que tenía las manos atadas, y que me habían clasificado y puesto en una caja de la que no me dejaban salir. Una conversión ortodoxa nunca es fácil.

Los acontecimientos que tuvieron lugar esa misma noche en mi casa han quedado grabados en mi memoria para siempre. En mi habitación la cama estaba frente a un espejo y tenía un armario detrás, a la derecha y un espejo enfrente. A través del espejo, el armario que quedaba a mis espaldas se podía ver un poco. Me quedé dormida: fue una de esas torturadas noches de dar vueltas y vueltas en la cama. De repente, de un salto salí de la cama y vi a través del espejo y dentro del armario, una enorme letra hebrea, el *jai*, que se iluminaba en llamas. Al mismo tiempo, de pie justo al frente de mi cama, y también iluminado con una fuerte luz que parecía venir desde abajo, estaba parado un hombre mayor con una larga barba blanca muy bien recortada, vestido con una chaqueta negra y larga atada a la cintura, de estilo jasídico, y coronado con un gran sombrero negro rodeado de una piel oscura. ¡En ese momento yo realmente pensé que me estaba volviendo loca! Me habló, pero no eran palabras que yo pudiera oír. Era casi como si por un lado estuviera sintiendo las palabras al mismo tiempo que las oía, pero no era de la manera habitual en que uno escucha cosas. Me dijo que tenía que seguir, que debía perseverar y que no podía renunciar porque tenía mucho que aportar al pueblo judío. Antes de que me diera cuenta los fuegos se apagaron y las luces no eran ya visibles, el *jai* ya no estaba en mi espejo y no había nadie parado enfrente de mi cama. Allí estaba yo, sentada en la cama a las tres de la mañana, tratando de entender lo que me había acabado de suceder. No tenía miedo. ¿Fue un sueño o una aparición? ¿Acaso fue real? Nunca lo sabré.

Por la mañana, me sentí más liviana, como si me hubieran quitado un peso de mis hombros. El rabino de mi sinagoga me llamó y me dijo que había hecho algunas llamadas, y podríamos seguir adelante con el proceso de aprendizaje. Estudiamos volúmenes y volúmenes sobre la ley judía, y agregamos mucho más sobre el *Shabat*, y sobre las leyes de *kashrut*. Con su esposa aprendí sobre las leyes de pureza familiar. Me ayudaron a que convirtiera mi cocina en una cocina *kosher*, y para ese entonces yo ya mantenía la mayoría de las leyes. Ya habían pasado casi cuatro años desde aquel primer día en que entré en la pequeña sinagoga cerca de casa.

Por fin, el *Beit Din* programó una fecha para mi conversión en una *mikve* en Miami Beach. Fui con mi amiga Bonnie, la que había sido un gran apoyo en mi camino para llegar a este momento de mi vida. Ella se sentó en un rincón lejano de la habitación mientras los rabinos y yo nos sentamos en otro lugar donde me hablaron por un largo tiempo. Tuve la oportunidad de reunir mis fuerzas durante el proceso, porque de vez en cuando tenía la oportunidad de ver por el rabillo de mi ojo, un pequeño trozo del vestido azul de

Bonnie, y yo sabía que ella estaba allí, sentada y rezando, pidiendo que todo saliera bien para mí, que se me hiciera fácil. Entre muchas de las preguntas que me hicieron me preguntaron si yo sabía que los judíos habían sido las personas más perseguidas de la tierra en toda la historia. Me preguntaron si yo sabía que iba a unirme a un grupo de personas que siempre sería odiado por muchos otros. Me advirtieron que mi vida iba a ser muy difícil, y al final, me indicaron que fuera a la *mikve*. ¡Qué momento! ¡Que logro increíble! E INCLUSO metida en el agua de la *mikve*, siguieron indagando acerca de mis creencias. Por último todo había pasado, y, sin embargo, era sólo el principio.

¡Yo estaba muy emocionada y en estado de éxtasis! Con el pelo aún mojado, fui a la recepción y no podía creer lo que veía. Allí, esperándome, había una larga fila de rabinos que habían venido a recibir una bendición. La tradición es que se considera auspicioso recibir una bendición de una nueva alma judía, una que "sin mancha", acaba de salir de la *mikve*. En ese momento yo era como un bebé que es puro y aún no ha pecado. Fue una oportunidad única para mí poder dar bendiciones, y fue un momento especial para los que las pedían. La cola era larga. Se pararon y esperaron mientras yo los bendecía en hebreo y en idish.

Les di bendiciones para sus hijos, sus nietos, sus padres y sus cónyuges; para el *mazal*, para el *parnasá* y la *hatzlajá* (suerte, riqueza y éxito). La lista era interminable. Yo estaba en una posición que nunca me había imaginado que llegaría a estar. Ellos seguían viniendo. Este fue el momento de mi mayor logro, pero sin embargo, casi no tenía a nadie con quien compartirlo, excepto por Bonnie. Me sentí bendecida de que la única persona de la que me había hecho amiga desde el primer momento y la que me había apoyado firmemente, estado a mi lado, de pie junto a mí, en esta ocasión tan feliz.

Capítulo
Ocho

*E*l camino no era fácil. Por un lado, tenía que mantener los preceptos de comer *kosher* en mi casa, donde mis hijos todavía esperaban comer lo que les gustaba y lo que estaban acostumbrados. Ya yo no podía comer más en la casa de mis propios padres y además ahora tenía que estar arreglando hasta el último detalle de las actividades que tenían mis hijos en *Shabat* para que pudieran seguir en el fútbol, clases de baile, etc. No fue fácil, pero yo estaba tan feliz y tan a gusto conmigo misma, que seguí perseverando. Mis hijos no se habían convertido al judaísmo, y esto hacía que vivieran con un pie en mi nuevo mundo y otro en el anterior. Esto fue muy duro para ellos, y siempre voy a agradecerles el haber sido flexibles, y en su mayor parte, muy comprensivos también. Ellos siempre me han apoyado a pesar de que a veces no comprendían por qué yo había elegido una vida tan difícil, con tantas reglas, regulaciones y restricciones.

Después de un tiempo conocí a quién sería mi futuro esposo, Michael. El provenía de una familia ortodoxa tradicional, que había emigrado desde

Rumania, pero eran oriundos de Rusia. Descendían de un linaje muy importante de rabinos jasídicos y Michael mismo tenía una sólida formación rabínica, dado que había estudiado en un seminario ortodoxo para hombres. Pasó muchos años viviendo y estudiando en la *Yeshiva Telshe,* de Ohio y luego había continuado sus estudios en *Mesivtha Tifereth Jerusalén,* una *yeshiva* en Nueva York, bajo el prestigioso Rabino Moshe Feinstein, de bendita memoria. El Rabino Moshe Feinstein es considerado hoy en día como una de las máximas autoridades en lo concerniente a temas sobre la Ley Judía. Me quedé muy impresionada. Hasta ese momento yo consideraba que yo misma sabía muchas cosas, y me daba cuenta que había aprendido aún tanto más durante mis estudios, pero cuando conocí a Michael, rápidamente supe que mi educación judía se encontraba todavía en un nivel de *kindergarten.* Michael siempre ha sido un maestro muy paciente y desde el primer día en que lo conocí vi cómo siempre intercala la sabiduría de la *Torá* en cada situación que se requiera. Nuestras mesas en *Shabat* y en las fiestas siempre han sido agraciadas con información vigorizante y sano debate. Él es un ser muy espiritual, y cuando pienso en él, a menudo me viene a la mente el famoso dicho de *Pirkei Avot*: "Hazte de un maestro, adquiere para ti un amigo, y juzga a toda persona para bien". Michael es mi maestro y mi mejor amigo, y así lo ha sido desde el día en que lo conocí.

Siempre me impresiono la historia de cómo Michael llegó a tener una educación tan importante. Su familia se había mudado de Israel a los Estados

Unidos justo antes de su *Bar Mitzvah*. Su padre, que era un joyero y relojero, siempre había soñado con que Michael tuviera la mejor educación posible, y para ello Michael fue matriculado en la *Yeshiva Telshe* en Cleveland, a la que se mudó, solo, mientras sus padres continuaban viviendo en Nueva York. Un año más tarde, su padre murió repentinamente y su madre se convirtió de repente en una joven viuda sin medios de subsistencia que debía sobrevivir sola. Ella regresó a Israel con el hermano menor, y Michael se quedó en Estados Unidos estudiando en la *yeshiva*. No tenía otros parientes ni familia y Michael tuvo que valerse por sí mismo desde muy joven. Después de varios años, decidió que quería dejar de estudiar en la *yeshiva* y comenzar a estudiar en la universidad. Para oficializarlo, se acercó al *Rosh Yeshiva*, el decano de la escuela, y le informó de su decisión de irse. El *Rosh Yeshiva* se sentó con él, y con severidad le preguntó si alguna vez había pagado un centavo por su educación. Michael lo miró con curiosidad y le dijo que, que de hecho, nunca había pagado. Entonces el rabino le dijo que durante muchos años un *Rebe* distante de la familia, que vivía en Nueva York, había enviado dinero mes tras mes, y año tras año, desde el día en que falleció su padre, para que él pudiera continuar con su educación rabínica. El único requisito había sido que Michael nunca debía saberlo. Pero ahora, que había decidido irse, el rabino que lideraba la *yeshiva* sintió que era importante que Michael se reuniera con el *Rebe* que había invertido tanto en su futuro y que hablara de la situación directamente con él.

Michael partió hacia Nueva York y se reunió con el

Rebe, quien le dijo que él era de la "vieja escuela", que no sabía mucho sobre las universidades, y que quería estar seguro de que cuando dejara este mundo, y cuando se le preguntara: "¿Qué hiciste por Mike?", que él pudiera ser capaz de decir que él le había dado una buena y sólida base de *yeshiva*. Pero Michael estaba decidido a ir a la universidad y después de mucha discusión lograron llegar a una solución salomónica: Michael asistiría a *Mesivtha Tifereth Jerusalén* durante el día y tendría libertad de ir a la universidad por la noche. Muchos años más tarde, Michael se graduó y decidió comenzar su nueva vida en Europa. El mismo día en que se iba de los Estados Unidos "para siempre", el anciano rabino se murió. Lo último que Michael hizo en los Estados Unidos fue asistir a su velorio. Indiscutiblemente este fue el cierre de un capítulo muy importante en su vida.

Cuando nuestra relación se hizo más seria, Michael me llevó a mi primer viaje a Israel para que conociera a su familia. Se me hace difícil explicar la magnitud de la carga emocional que tuvo para mí ese viaje. Estaba muy contenta de poder estar presente en Israel, y anhelaba fervientemente ver y escuchar todo aquello sobre lo que había estudiado toda mi vida. Yo tenía 37 años y me embarcaba en una vida completamente nueva. Había tenido tantos cambios por dentro y por fuera que ya ni sabía en dónde estaba parada. También estaba muy ansiosa por conocer a los tres hijos adultos de Michael y al resto de su familia. Al bajar del avión, todavía con el cansancio del viaje y el de la diferencia del cambio de horario, y recién cuando comenzaba a darme cuenta y fascinarme por el puro asombro de estar en Israel por primera vez, Michael me informó que lo primero que debíamos hacer, en ese mismo momento, era ir a conocer a sus familiares en Bnei-Brak, un barrio ultraortodoxo de Tel Aviv. Yo acababa de bajar del avión, y no estaba preparada para eso, pero mientras parqueaba el carro enfrente de un cementerio, me dijo que no me preocupara, que yo estaba bien vestida para la ocasión.

Durante las horas siguientes, bajo el aplastante calor del verano de Israel, visitamos a todos sus familiares ya fallecidos. Fuimos de cementerio en cementerio, y fui presentada formalmente a su difunto padre, a sus abuelos y a muchos otros seres queridos, todos en ese día. Era algo extraño, y al mismo tiempo, algo muy dulce y especial, el que Michael tuviera tanto respeto por la familia que vivía, y por los que ya habían fallecido.

Después conocí a su mamá, la que sí estaba de lo más "vivita y coleando", ya que es una persona muy energética. Ella tenía sus propios problemas que resolver con su hijo, el que estaba a punto de casarse con una conversa. Por lo general se espera que alguien que proviene de una familia de tal "pedigrí rabínico" se case con alguien de su mismo círculo. Estoy segura de que nuestro matrimonio no fue nada fácil para ella.

Unos momentos después de llegar a su casa, la mamá me llevó, sola con ella, a conocer y recibir la bendición del rabino mayor de su familia, el famoso rabino Itzjak Friedman de Bohusch, de bendita memoria. No tenía la menor idea lo que me esperaba en esa reunión .Me sorprendí mucho cuando llegamos a una casa en Tel Aviv rodeada con sus *jasidim*: un ejército de hombres con sombreros negros y *shtreimels*. Cuando mi suegra y yo nos bajamos del carro, el mar de hombres se dividió por el medio para permitirnos pasar y entrar primero, aunque quedaban largas colas con gente que esperaba su turno para verlo. Nos invitaron a pasar por una gran puerta, y ante nosotros se abría un estudio enorme, con grandes ventanales que daban a la calle.

Él, calmadamente saludó a mi suegra con mucho cariño, y nos invitó a sentarnos frente a él en su enorme escritorio. Nos ofreció un plato con rodajas de manzanas, para que tuviéramos la oportunidad de decir una bendición sobre la fruta. No hablaba inglés, pero me hizo preguntas a través de mi suegra, y yo las respondí de la mejor manera que pude. Parecía cómodo y feliz; nos dio muchas, muchas bendiciones y habló bastante tiempo con ella en idish. Luego nos despedimos y salimos de nuevo bajo el quemante sol israelí. El Rabino murió tres meses después de este encuentro, un mes después de nuestra boda, a la edad de 93 años. Más tarde, ella me contó que él le había dicho que conmigo iba a tener mucho "idishe najes", que se puede entender como mucho "orgullo judío" Mi deseo ferviente hasta el día de hoy siempre ha sido que jamás llegue a decepcionarla.

Después de esa reunión, toda la familia me recibió con brazos abiertos. Fue en esos momentos que yo me sentí mucho agradecimiento por la *rebetzin* de mi sinagoga en Miami, la que me había llevado de compras, repetidas veces, para que yo tuviera la ropa adecuada en estos encuentros. Ella no había dicho nada específico, pero se había asegurado que estuviera vestida apropiadamente para cualquier ocasión que se presentara.

Fue un verdadero placer conocer al hermano de Michael y a su cuñada, los que inmediatamente me trataron como si yo fuera su propia hermana y como si que me hubieran conocido de toda la vida. Me presentaron a todas las tías y tíos y a todos los primos que viven en los diferentes rincones de Israel. Fuimos de Jerusalén a Tel Aviv, y de Tel Aviv a Netanya, ida y vuelta, una y otra vez. Visitamos a dos de sus hijos que estaban estudiando y viviendo en Israel en ese momento. Fue como andar montada en un remolino, pero Michael se aseguró de que también visitara todos los museos y los lugares históricos. Para mí, el momento más impactante fue el instante en que bajé corriendo por las escaleras de la Ciudad Vieja para llegar al Kotel, el Muro de los Lamentos. En el momento en que caminaba hacia la sección donde rezan las mujeres, sentí todo el peso de la historia del pueblo judío sobre mis hombros. Lloraba mientras me abría camino a través de grupos de mujeres que rezaban de pie, agarrando sus libros de oraciones, tratando de encontrar un pequeño rincón junto a las piedras. Comprendí en ese momento el verdadero significado de ser judía: Supe sin duda alguna que yo había nacido para existir en ese lugar y en ese momento.

Me siento bendecida, no sólo de haber conocido a mi *bashert*, a mi alma gemela, sino además de tener una nueva familia judía. Nunca me volvería a sentir como una extraña entre el pueblo judío. Al regresar del viaje nos casamos en la pequeña sinagoga donde había comenzado mi camino.

Era un caluroso día de julio en el verano de Miami,

pero también uno lleno de emociones, como las que sentí cuando caminaba hacia la *jupá* y vi a Michael esperándome con el blanco traje tradicional. Lentamente di vueltas a su alrededor, siete veces, aunque apenas era capaz de verlo a través de las muchas capas de tul que tapaban mi cara como es tradición en las bodas de las familias jasídicas. Después de la ceremonia religiosa al aire libre, abrasados por el calor ardiente del verano, toda la comunidad, los amigos y la familia se juntaron para bailar y celebrar hasta altas horas de la noche festejando el comienzo de una nueva etapa en nuestras vidas.

Michael conocía toda mi historia incluyendo la saga sobre el proceso de conversión. Siendo del tipo *Ashkenaz* estoico, cuando le conté la historia de esa visión inexplicable en mi dormitorio durante mi conversión, se encogió de hombros y no dijo nada. Nunca dudó de mí, pero me miraba perplejo cuando yo me refería a ese episodio.

Llegó el día en que nos mudamos a nuestra nueva casa, y Michael recibió un enorme contenedor de libros. Recuerdo claramente el momento en el que estábamos trabajando juntos para ordenar la nueva biblioteca, cuando de pronto uno de los muchos volúmenes de la colección se cayó al suelo abriéndose claramente en una determinada página y allí quedó, justo enfrente de mí. Me levanté y vi que todo estaba escrito en hebreo, pero el hebreo que yo podía entender bien era el de libro de oraciones, por lo tanto no sabía qué decía el que tenía delante de mí. Página tras página sólo había fotos de hombres con sombrero negro y barba. Tomé el libro con una mano, manteniendo esa misma página que había quedado delante mío abierta, y lo sostuve mientras hojeaba rápidamente el resto de las páginas. De repente, di un brinco al darme cuenta que la página en la que el libro se había abierto, tenía la imagen de ese hombre, EL HOMBRE, ese mismo que había estado parado a los pies de mi cama tantas noches atrás, en aquel momento de incertidumbre antes de mi conversión. Temblando, se la señalé a Michael y le pregunté quién era. Me dijo que era un rabino de su familia, el único que alguna vez había vivido en los Estados Unidos. El hombre que había estado enfrente de mi cama esa noche era de su lado materno y había fallecido muchos años antes. Él también parecía agitado y me dijo que la foto que estaba señalando era exactamente el mismo rabino que había pagado anónimamente su educación en la *yeshiva* hacía ya tantos años: era el Rebe Kopitshnitz. Él fue el que me había insistido a no darme por vencida cuando yo estaba dispuesta a tirar la toalla. Era increíble. Cuando Michael se dio cuenta de que su antecesor y benefactor se me había aparecido previamente en una visión, se sintió aturdido. El libro que había caído era uno que muestra las imágenes de las diferentes dinastías jasídicas, y la pequeña imagen que yo reconocí era sólo una entre los cientos y cientos de retratos de personas que venían en el libro, donde todas las fotos se veían iguales. El *Rebe* había intervenido en la vida de Michael, así también como en la mía. A veces me pregunto si él fue también responsable de nuestro *shiduj*. La vida funciona de muchas maneras misteriosas. Sólo más tarde supe cuán cierta sería esta frase.

Michael completa mi círculo. Con la paciencia de un santo (dicho sin dobles intenciones), siempre ha sido la roca que me ayuda cuando las cosas se ponen difíciles y cuando mi antigua vida se enfrentaba con mi vida actual. Juntos hemos criado a mi hija de la mejor manera que pudimos dadas las inusuales circunstancias.

Capítulo
Nueve

*M*is abuelos maternos eran primos segundos y sus antepasados venían de un pequeño pueblo llamado Fermoselle que se encuentra en el noroeste de España, a orillas del río Duero, la frontera natural que separa España de Portugal. Históricamente, este pueblo era conocido por haber sido habitado desde el siglo V, y por él entraron celtas, visigodos, romanos, árabes y judíos. Estuvo y sigue estando en medio de una región conocida por sus viñedos, olivos y vinos de calidad.

Yo siempre fui muy unida a mis abuelos y realmente los eché mucho de menos cuando dejaron Cuba para irse a Europa. Finalmente, se instalaron en Miami, y pudimos retomar la relación donde la habíamos dejado. Yo solía preguntarles frecuentemente sobre la vida en España, y mi abuelo me deleitaba con historias de Fermoselle y me contaba todo lo que pudiera antes de que mi abuela lo hiciera callar para que no me aburriera. Es cierto que muchas veces se hacía un poco aburrido porque era demasiada información, y yo era muy joven, pero en retrospectiva, desearía poder recordar cada palabra que salía de su boca. Recuerdo también cómo cantaba versos y rimas en español y a veces en un idioma que no podía entender.

Yo pasaba muchos fines de semana en la casa de mis abuelos y tengo lindos recuerdos de aquellos días. Compartía con mi abuela el amor por la cocina, y le hacía compañía cuando ella abría un gran y antiguo libro de cocina, gris y cuadrado hecho de tela, que tenía las antiguas recetas de la familia. A principios de diciembre siempre nos hacía Periquillos para las fiestas. Estos Periquillos, ella me contaba, eran un postre hecho exclusivamente en el pueblo de Fermoselle y venían de una receta antigua y especial, que sólo conocía la gente con era de ahí. Recuerdo cómo los hacíamos, siguiendo una receta larga y compleja que llevaba paquetes y paquetes de harina, azúcar, botellas de licor de anís y aceite de oliva. Hacíamos estas delicias fritas en grandes cantidades y ella siempre las empaquetaba en latas y se las regalaba a la familia, quienes añoraban los sabores de la vieja patria. Modificábamos la receta cada vez que los hacíamos, asegurándonos de que las cantidades pudieran caber   dentro del uso más moderno de tazas y cucharas de medir. La receta era tan vieja que mencionaba cosas como "agregar tanta agua como cabe en un huevo".

Recuerdo que cuando la masa llegaba al punto en que se podía trabajar, mi abuela siempre separaba un poco de masa, hacía una bolita, la envolvía en papel aluminio, y luego la tiraba bien al fondo del horno caliente. Ella me contaba que este era un paso que su madre y su abuela le habían enseñado, y que debía hacerse siempre para asegurar la buena suerte. La última vez que los hicimos juntas ella ya estaba bastante mayor y se cansaba fácilmente. Yo traje todos los ingredientes, y ella se sentó en la mesa de su pequeña cocina y me dijo que esta vez me supervisaría y no me ayudaría ni me daría instrucciones para estar segura de que yo sabía cómo hacerlas. Aquel día yo estaba tan metida entre la harina y la fritura que me olvidé de poner la masa en papel de aluminio y tirarla dentro del horno para la "buena suerte". Ella se puso brava y me dijo que ahora me correspondía a mí continuar con esta tradición. A mí me pareció una cosa tonta en ese momento, pero lo hice de todos modos, sólo para complacerla. El futuro me demostraría que esta pequeña tradición era sólo una más dentro de una serie de tradiciones que eran mucho más complejas y significativas que las de simplemente hacer una antigua receta familiar o quemar masa "para la buena suerte".

Mi interés en la genealogía comenzó cuando yo tenía unos 15 años de edad. Traté infructuosamente que mis abuelos compartieran conmigo la información que tenían sobre los orígenes de mi linaje materno, pero fue en vano. Mi abuelo empezaba la historia, pero mi abuela lo hacía cambiar de tema. Muchas veces intenté presionar a uno o al otro, pero nunca llegábamos a nada. Mi madre me explicó en ese momento que esto se debía a que eran primos. También me dijo que se habían casado muy jóvenes y que en el fondo ellos no querían que yo supiera ni que la información saliera a la luz. Nunca pude enterarme de la historia familiar ni conseguir ningún tipo de árbol genealógico de la familia de ninguno de ellos.

Mi abuelo se murió antes de que Michael y yo nos casáramos. Todavía extraño su canto, su risa y su intenso amor por la vida, pero sobre todo me gustaría poder volver atrás, sólo una vez más, y rogarle que me diera la información sobre la familia que nadie más parecía saber o que tal vez no querían contar. Llegamos a tener gran sabiduría del pasado cuando ya es demasiado tarde para tomar acción en el asunto.

Mi abuela sabía que yo me había convertido al judaísmo y solía decirme lo peligroso que era. Estaba especialmente preocupada cuando estábamos celebrando en la sinagoga el día de mi boda. Ella me apartó varias veces para decirme una y otra vez cuán peligroso era que me hubiera convertido. Siempre pensé que quería decir que era peligroso para mi alma, sin embargo, me di cuenta varios años más tarde que lo ella quería decirme es que era peligroso ser judío.

Mi abuela murió un viernes por la mañana, y yo llegué a su casa en cuestión de minutos. Mi madre ya estaba allí, y supuse que el entierro sería el lunes, como es costumbre en las familias católicas de Cuba. Cuando le pregunté por los arreglos del funeral, mi madre me dijo que la tradición de la familia siempre había sido la de enterrar a los muertos inmediatamente. Me quedé muy sorprendida. ¿Qué tipo de tradición era esa para una familia de sólida fe católica? Enterrar a los muertos al día siguiente definitivamente no pertenecía a la tradición católica. Le rogué encarecidamente que no se hiciera el entierro durante el sábado, pero no hubo forma de disuadirla: Mi abuela iba a ser enterrada el sábado. Planeaban hacer un pequeño servicio en la noche del viernes y después un apresurado entierro el sábado. Sabía que esto iba a ser un gran problema para mí, y me preguntaba cómo iba a poder resolverlo. Yo siempre había recurrido a mi abuela cuando necesitaba consejo, y ahora lo único que podía hacer era mirarla por última vez mientras se la llevaban. Saber que nunca volvería a verla otra vez me entristecía hasta lo más hondo de mi ser.

No pude ir al funeral, que se llevó a cabo el sábado, y en un lugar que quedaba bastante lejos de mi casa. Me sentí abrumada por la pena y no podía entender este giro del destino que me impedía estar presente. Es en momentos como estos en que el apoyo de Michael se me hace invaluable, y allí estuvo, a mi lado, apoyándome para superar esa noche. Con la muerte de mi querida abuela, mi vida anterior volvía a chocar con mi realidad actual. Estaba sin consuelo. Sentía que no asistir al funeral sería como desgarrar la tela que unía a la familia.

Al día siguiente era *Shabat*. Yo estaba en casa cuando muchos de mis amigos empezaron a llegar después de la sinagoga. Estaba emocionada y conmovida que vinieran a acompañarme, porque entendían que no habría ningún período típico de duelo, conocido como *Shiva*.

Estaba inconsolable, no sólo había perdido a alguien tan importante para mí, sino que también sentía que además de perder a mi abuela, había perdido al resto de mi familia también.

De repente, vi a mi familia caminando afuera, acercándose a casa. Uno tras otro, todos vestidos de negro: mis padres, mi hermana y mis primos. Yo había esperado y rezado que el hecho de que no pudiera asistir al funeral no fuera algo que pondría a mi familia en contra mía, y allí estaban, viniendo a mi casa, formando un gran grupo. "Gracias Di-s", me susurré a mí misma en voz baja. Nos besamos y nos abrazamos, y comprendí lo mucho que me amaban. Esta familia que me había alimentado desde mi nacimiento, y de quienes me había distanciado espiritualmente, entendían que la sangre es más espesa que el agua. Yo estaba más que agradecida por su amor, y también por su comprensión y aceptación de mi nueva forma de vida.

Mi madre me apartó del resto, colocó una pequeña caja en la mesa y me dijo que mi abuela había dejado encargado que yo la recibiera el día en que ella muriera. Lentamente abrí la caja blanca, hecha jirones, y adentro descubrí un *hamsa* muy antiguo y muy usado (también llamado mano de Di-s) y un pequeño arete de oro con una diminuta estrella de David en el centro. Y no había nada más, no había ninguna nota, ningún comentario, nada. Solamente esos dos objetos.

Me sentí abrumada. Al principio, no entendí nada. Las emociones de los últimos días habían sido muy intensas: Primero, la muerte de mi abuela; luego el tratar de resolver la situación con el velorio, y ahora, esto. Tenía en mis manos, directamente enfrente mío, dos símbolos muy judíos. Yo no lo entendía.... ¿Acaso nosotros no éramos de Cuba, descendientes de una familia que venía de España? ¿Podría esto significar que veníamos de una familia de los antiguos marranos? ¿De judíos conversos? ¿Habríamos sido de aquellas personas que se vieron obligadas a convertirse al catolicismo durante la Inquisición española? Nadie en la familia jamás había dicho nada al respecto, ni siquiera había dado a entender que podría existir una conexión remota con esas familias. Y entonces, ¿qué significaba esta caja? ¿Por qué habían aparecido estos objetos? ¿Por qué ahora?

De pronto, empezaron a aparecer recuerdos de aquellos momentos en mi vida en que había experimentado cosas que me habían hecho sentir incómoda, y también recordé las demás cosas que no habían tenido ningún sentido en su momento. Yo nunca antes había sumado dos más dos como para llegar a la conclusión de que podríamos haber sido descendientes de judíos conversos.

Sentada en aquella silla, con la caja entre mis manos, recordé el chal español antiguo que había sido colocado y sujetado sobre nuestros hombros durante mi primer matrimonio, como una vieja costumbre de la familia, costumbre que los judíos sefardíes usan hasta el día de hoy, colocando un *talit* sobre los hombros de la pareja. Recordé las veces en que mi abuela y yo habíamos hecho grandes cantidades de dulces para las fiestas, recetas antiguas de la localidad de Fermoselle, y cómo ella había envuelto siempre parte de la masa en papel de aluminio y la había tirado al horno. Recordé las veces en que ella rompía los huevos en un vaso primero, para poder comprobar si había sangre antes de usarlos (como indican las leyes del *Kashrut* que uno debe hacerlo") y la forma en que siempre me habían enseñado a barrer el suelo hacia el centro de la habitación (una antigua tradición sefardí de barrer el polvo lejos de las *mezuzot*). Hacía apenas dos días, la tradición de enterrar a los muertos de inmediato había salido a la superficie. La caja que tenía en mi mano de pronto asumió un significado profundo.

Era mucho para absorber, sin embargo, tenía todo el sentido del mundo. Entendí claramente la forma en que mi alma había buscado y había anhelado algo todos esos años, algo que no parecía tener explicación. Hizo que fuera más fácil comprender por qué me sentí atraída por una cultura y un pueblo con los que no tenía ninguna relación evidente para mí. Y también entendí que esto que estaba sucediendo era mucho más trascendente que cualquier cosa que pudiera sentir en ese momento y que se abría para incluir mucho más que simplemente "el aquí y ahora". Una puerta se había abierto, o al menos una rendija, y por alguna razón desconocida y 500 años más tarde, era yo la que tuve la suerte de asomarme por ella. Yo me había convertido al judaísmo y por todo hecho era judía pero con esa puerta que se abrió, me era muy importante ir hacia atrás en el pasado e investigar de dónde había venido realmente, porque estaba segura ahora de que descendíamos de conversos, y sentía una enorme necesidad de demostrarlo.

Esperé varias semanas y le pedí a mi mamá más información. Presioné e insistí. Yo la molesté bastante, de eso estoy segura. Ella me dijo que no sabía nada. Le dije todo lo que pensaba sobre la caja que mi abuela había dejado para mí. Ella respondió que no tenía idea y que las joyas fueron probablemente dadas a la familia por algún gitano que pasaba, y que no significaban nada. Ella me dijo que estaba bien, que yo me había convertido, que era judía y que esto estaba bien para mí, pero que por favor dejara de buscar en los armarios de la familia cosas que no existían. Le rogué y le supliqué que me dejara ver fotos antiguas y documentos de mis abuelos. Ella finalmente cedió y una noche llegó con varias cajas. Miré todos los recortes y cada imagen, buscando pistas. Busqué una estrella de David, un *hamsa*, o cualquier otra cosa que indicara que habíamos sido judíos, y no había nada. Mi madre estaba perdiendo la paciencia y me miraba como queriendo decir: "ya te lo había dicho". Y allí, en el fondo de la caja había varios trozos de papel chino doblados, amarillentos y envejecidos.

Los abrí con cautela y reconocí la letra de mi abuelo, delgada y con forma de tela de araña. Él había trazado un árbol genealógico completo de la familia y su historia. De acuerdo con la fecha escrita en la parte superior de la primera página, él había empezado a hacer este árbol el día que nació mi hijo, unos 20 años antes. Había sido en ese día especial, varios años después de que lo hubiera perseguido por toda la casa pidiéndole que hiciera un árbol genealógico, que por fin se había sentado a escribirlo. ¡Fue increíble! ¡Iba hacia el pasado mucho más atrás de lo que jamás hubiera podido imaginar! No sólo había hecho un árbol, él también había escrito una historia corta y algunas biografías de gente importante de la familia. El árbol se extendía hasta principios de 1800. Después de que ambos abuelos murieron, recibí lo que mi abuelo no pudo, o no quiso, darme durante su vida. Sin embargo, no me había privado de saber sobre mi ascendencia. Sé lo difícil que fue para mi madre mirar esos documentos conmigo, pero lo hizo, y me dio un empujón para dedicarme a comenzar la obra genealógica que siempre había querido hacer.

Por desgracia, no había mención de nada con respecto a lo judío, pero por lo menos tenía un punto de partida para comenzar la búsqueda de mis raíces ancestrales.

Capítulo
Diez

Yo siempre que mis abuelos eran primos, pero el árbol genealógico no me mostraba el antepasado que tenían en común El árbol mostraba generación tras generación pero dejaba fuera la parte del parentesco entre ellos. Mi abuelo también había añadido notas variadas en lugares inusuales a lo largo de las páginas. En algunos sitios había escrito anécdotas de la familia y en otros hacía comentarios sobre sus trabajos o cómo lucían o cómo se vestían. En el margen izquierdo superior, en una letra finita escribió "Nos decían los Bollicos". No tenía idea de lo que eso podría significar. En otro lugar las notas decían que el apodo de la familia era "Los Patateros". Para mí, un patatero sonaba como una persona que vendía papas. Traté de no distraerme siguiendo aquellas tangentes y con la información de mi abuelo en mano y gracias a los recursos de Internet y a mis amigos en España, tuve la oportunidad de encontrar información más antigua, yendo quizás otras dos generaciones hacia el pasado. De hecho, me encontré con las copias de los informes de los censos de los años 1800 en España, que estaban disponibles en línea y que me ayudaron enormemente. Siempre me habían dicho que la familia de mi abuela era de Madrid, y la familia de mi abuelo era de Fermoselle. Pero con sólo unos pocos "clicks" en la computadora, pude comprobar que los abuelos de mi abuela también habían nacido en Fermoselle.

Todos los caminos parecían conducir a esa mota de polvo sobre el mapa .Una ciudad tan pequeña que ni siquiera podía apreciarla bien en fotos. Para entonces yo había podido remontarme hasta principios del 1800 con toda la documentación para respaldarlo: todo el árbol completo parecía volver una y otra vez a Fermoselle. Sin embargo, me había topado con un muro de piedra.... que no sólo era de piedra que sino además era totalmente católico. Tenía partidas de bautismo y certificados de casamiento hechos por la iglesia. Hasta ese momento no había encontrado nada que indicara que la familia era judía. Tal vez mi familia estaba en lo cierto al decirme que yo estaba persiguiendo fantasmas inexistentes, que la familia siempre había sido católica. Seguí mi camino hacia delante. Nadie sabía lo que estaba haciendo, excepto mi esposo y un par de amigos. Dejé de hablar acerca de mi búsqueda: estaba asustada... tal vez realmente no existía ninguna conexión con raíces judías. Sin embargo, perseveré con la búsqueda, tenía delante mío otros 300 años o más de los que ocuparme.

El rastreo me llevó varios años. Compré y me leí todos los libros en los que se mencionara a Fermoselle, en una búsqueda inútil de aquel rico pasado judío, pero no encontré nada. Más allá de una mención pasajera en el final de algún u otro párrafo, los libros de historia parecían carecer de información. Se hablaba de que judíos y moros habían pasado por ese lugar, pero no había más que eso. Yo buscaba noche tras noche en Internet y finalmente encontré una página, http://www.enotes.com/topic/Fermoselle que tenía un texto que decía lo siguiente:

Entre los apellidos más antiguos en el pueblo de Fermoselle se encuentra de la familia Garrido, que todavía vive en lo alto de las rocas gigantescas que están enfrente del río Duero, en la esquina suroeste de las alturas de "La Ronda". Don Jorge Garrido (1953)-es un descendiente de Don Ángel Garrido Fermoselle (1893-1979), su abuelo --- y como todos los descendientes de la familia es un enólogo y viticultor en esta región privilegiada y única para la viticultura. Don Jorge Garrido continúa la tradición de la familia Garrido de la cosecha de la uva Juan García, una uva varietal autóctona cuyos sus orígenes se remontan a Don Antonio Garrido Puente (1852), su bisabuelo, a Don Julián Garrido Castro (1798), su tatarabuelo y a Don Agustín Garrido Ramos (1732), tátara tátara abuelo, cuyo padre (Ángel Garrido Fermoselle, (1712) plantó los primeros viñedos de la familia Garrido en 1732. La familia Garrido desciende de ancestros judíos ya que muchas de las familias en la ciudad que se establecieron en este lugar remoto, como muchas familias judías de la época, en España, adoptó apellidos derivados del nombre de una ciudad, tales como: "Fermoselle" (Ángel Garrido Fermoselle 1893, el abuelo) o una hito físico (Antonio Garrido Puente 1852, el bisabuelo), o Puente que significa "puente" o Castro que hace mención a "un lugar fortificado en un terreno alto" (*Julián Garrido Castro, el tatarabuelo de 1798) o el de "Ramos", que viene de la palabra "rama de un árbol" "(Agustín Garrido Ramos, el tátara tátara abuelo, 1732).*

El nombre de mi bisabuela era Garrido de Fermoselle. El apellido de mi abuelo era Ramos. ¡Por fin aparecía una pista que podía seguir! Estaba eufórica y con renovadas energías para continuar mi viaje hacia el pasado.

Finalmente, me di cuenta de que necesitaba ayuda... pero luego reparé en que necesitaba mucha ayuda. Yo no sabía qué hacer. En el Ayuntamiento de Fermoselle, me dijeron que se habían remontado al pasado lo más que pudieron, pero que cada cien años más o menos los documentos se encuadernaban y se enviaban a la capital de la provincia de Zamora. Aunque Zamora es el nombre de la región donde se encuentra Fermoselle, a la vez es el nombre de la ciudad más grande de la zona y la ubicación de todos los archivos. También me dijeron que ya no sería capaz de encontrar mis archivos de la familia en el Internet, ni por correo ni por teléfono. Si yo quería encontrar mas información yo tenía que ir en persona o enviar a alguien en mi lugar. Bueno, eso no iba a ser tan fácil. ¿Y luego qué? Obtendría una lista de nombres y de bautizos o de matrimonios hechos por la Iglesia, y cómo iba yo a poder dar el salto cuántico? ¿Cómo iba a poder demostrar que mi familia era judía antes de la Inquisición española? Nunca he sido el tipo de persona que es capaz de sentarse tranquilamente y esperar con paciencia, pero tampoco podía dejar mi trabajo e irme a continuar la investigación sobre la familia. Cada día que pasaba, me frustraba más.

Me enteré por un amigo de un blog de genealogía que había un genealogista e investigador profesional que iba en dirección a Zamora y que quería saber si alguien más necesitaba ayuda con las raíces de la localidad de Fermoselle. ¡No puede ser ¡- pensé- ¿Es que acaso mi amigo Abraham, de España, me estaba tomando el pelo? Nadie había oído hablar de este pequeño puntito en el mapa, y aquí había alguien que se ofrecía para ayudar con las investigaciones. Me había caído como maná del cielo. Este experto genealogista había sido católico, religioso y muy devoto por años, y él conocía el camino a través del laberinto de los archivos en Zamora. Sus orígenes familiares estaban también en Fermoselle, y estaba investigando su propio linaje al mismo tiempo que yo el mío. Nos conectamos, y lo envié a Zamora con el árbol genealógico que mi abuelo había comenzado. Le di instrucciones para que buscara sólo mi linaje maternal directo, abuela tras abuela, y que documentara cada paso con las copias de los certificados de nacimiento, bautismo, matrimonio y defunción cada vez que esto fuera posible. Quería que cada abuela estuviera inextricablemente ligada a la anterior a ella y así sucesivamente.

Yo estaba emocionada con el proyecto que estaba por comenzar, pero no quería compartir con el genealogista lo que estaba buscando, ya que sabía que el antisemitismo estaba muy extendido en muchas partes de España, y no quería que perdiera interés desde el principio. Le pedí que investigara mi linaje materno, y por teléfono dimos vueltas alrededor de la verdadera pregunta: ¿Estaba buscando mi escudo de armas? No. ¿Estaba yo en busca de una herencia? No. ¿Estaba yo interesada en encontrar raíces reales? Riendo, le dije: "No" (Como sucede en la mayoría de las familias de conversos, a mí siempre me habían dicho que descendíamos de la realeza). Tenía miedo de decirle la verdad acerca de la búsqueda de mis raíces judías. Recordando que España había estado sin judíos durante más de 500 años, no quería abrir la caja de Pandora.

Luego preguntó: "¿Estás buscando una línea matrilineal directa para demostrar raíces judías?" Me arriesgué y le dije: "Sí". Él no dudó en decirme que era imposible remontarse tan lejos en el pasado y que no iba a ser capaz de demostrarlo.

Yo estaba muy preocupada por lo que pudiera encontrar. Mis rasgos faciales y los de mi familia son semitas, pero también podría haber descendido de moros. Para mí, era imprescindible conocer la verdad de mis raíces. Yo no necesitaba que alguien me dijera lo que yo quería oír: de que yo provenía de judíos conversos. El hombre que yo había contratado quería que yo fuera católica. El viaje al pasado había comenzado en serio.

Traté de compartir todo esto con mi familia, pero nadie estaba interesado en oírlo ni en enterarse. Esta búsqueda ya había consumido una gran parte de mi tiempo libre, y el Internet se había convertido en mi mejor amiga nocturna. Toda mi familia pensaba que era una búsqueda infructuosa. Aun cuando me enterara de que éramos judíos hace 500 años, ellos consideraban que eso carecía de sentido para ellos en el día de hoy. Yo necesitaba saberlo, pero mi familia no encontraba valor en mi búsqueda. Mis hijos estaban algo interesados, más bien de una forma académica, pero yo estaba obsesionada. Había trabajado muy duramente y por muy largo tiempo en este tema. Finalmente, aislé esta parte de mi vida de mi familia. A excepción de una referencia casual o cuando mis hijos veían físicamente las montañas de libros y los árboles genealógicos diseminados por la búsqueda, no solíamos hablar del tema. Sin embargo, volvía a entristecerme ese hueco cada vez mayor que me separaba de mi familia biológica. Me gustaría pensar que si alguno de ellos hubiera decidido buscar sus raíces budistas o sintoístas, yo habría sido alguien que lo apoyara en esa búsqueda. Sin embargo luego trato de ponerme en sus zapatos... si alguien me dijera que mi familia había sido budista hace 500 años... ¿afectaría eso mi vida actual? No, no lo haría. ¿Me llamaría la atención lo suficiente como para compartir esa pasión o interés? NO. ¿Cambiaría mi forma de vida o mi religión? NO. De esa manera, me era más fácil comprenderlos. Esto no quita el hecho de que mi familia cada vez sabía menos sobre las cosas que yo emprendía y sobre mis actividades extracurriculares diarias.

Mientras tanto en España, Fernando, mi investigador estaba trabajando arduamente. Buscó en las bibliotecas, los museos y los archivos históricos de las iglesias. Me escribía una síntesis con la información diaria y me enviaba los largos informes con las copias de los registros de las iglesias.

Todas las noches yo estudiaba el informe que él me mandaba y buscaba documentación bibliográfica que demostrara que sus orígenes, esos nombres habían sido utilizados por judíos conversos. La información acerca de los nombres de abuela tras abuela fue cuidadosamente documentada. Creé archivos donde enumeraba las muchas referencias ya aceptadas que aparecían disponibles en libros y revistas históricas y que indicaban que el nombre era marrano o converso. Encontré referencias en otras historias personales que eran muy similares a la mía. Busqué hasta que finalmente encontré referencias sobre un lugar cerca de la aldea de mi familia. La documentación que estaba recibiendo de España comenzó a volverse más y más antigua, y el castellano antiguo se hacía cada vez más difícil de entender. La escritura era casi indescifrable, a no ser que la leyera un experto. Por suerte, yo tenía tal experto. Él continuó trabajando. La información, que en el inicio llegaba tan rápido, luego fue endenteciéndose, ya que él trataba de traducir el registro completo para que yo lo entendiera. Cada registro de bautismo indicaba el nombre de los padres, así como el de los abuelos maternos y paternos. Si faltaba uno, él buscaba una hermana o un hermano que compartiera los mismos padres, y así validaba los resultados en cada generación.

Un elemento interesante para destacar es que encontramos documentación sobre varios bebés, porque no habían sido bautizados en una iglesia. Los registros indicaban que habían sido bautizados "con necesidad" y se supone que la partera debió bautizar al niño en el hogar. En mi investigación, he encontrado que muchos niños de familias conversas no eran llevados a bautizar a una iglesia y así se evitaba el proceso del bautismo por completo. Los conversos hacían esto cada vez que sentían que podían salirse con la suya. Hoy día tengo una amplia documentación sobre los orígenes judíos de todos los apellidos de cada una de mis abuelas, los que se remontan a 15 generaciones llegando hasta el 1545. No existen registros estandarizados de la Iglesia antes de esa fecha.

Recién en 1545, en la reunión del Concilio de Trento, se decretó que a partir de ese momento en adelante, todas las iglesias católicas deberían llevar registro de bautismos, matrimonios y defunciones. No sólo se emitió tal decreto, sino que también se creó un modelo exacto de la forma en que debía registrarse la información. Los registros de bautismo debían mostrar el nombre del bebé, el nombre de los padres, de los padrinos, de los abuelos maternos y paternos, así como el nombre de la persona que realizaba el rito del bautismo y los nombres completos de los testigos. Esto no fue hecho en contra de los cripto-judíos sino para normalizar un sistema que no estaba reglamentado antes. Gracias a este cambio fue para mí más fácil seguir la línea de mis antepasados.

Las últimas dos o tres generaciones fueron muy difíciles, tanto para el genealogista como para mí. Fue aproximadamente a finales del año 1500 o por ahí, que empezamos a ver que los apellidos de la familia cambiaban constantemente. Se sabía que los cripto-judíos cambiaban sus nombres, en secreto, para evitar ser detectados por la Inquisición. Por ejemplo, mi decimoquinta abuela aparece con el apellido Ramires al nacer. Luego, cuando se casó, dio un apellido diferente: el de Rodrigues. Al momento de un segundo matrimonio declara que su apellido de soltera era Santos, y por último en el certificado de defunción aparece como Goveia. Ahí estaba yo, 500 años más tarde, trabajando arduamente por desenredar los hilos que mi familia había tejido durante todo ese tiempo para mantener su identidad oculta. Ahora yo venía para sacar a la luz la lucha y el esfuerzo sobrehumano que tuvieron que hacer para poder sobrevivir. Tuve la oportunidad de rastrear sus cambios de nombre en cada documento oficial posterior, ya que evitaban ser descubiertos por la Inquisición. También encontramos registros que tenían nuestros apellidos escritos sobre los nombres de otras personas. Se podía ver por ejemplo, que en un registro estaba escrito el nombre Vaz, y sobre él se había agregado Vázquez. Los expedientes se volvieron más extraños y mucho más difíciles de descifrar.

Curiosamente comencé a encontrar información sobre el segundo y tercer casamiento de la misma abuela. Esto no era normal para ese entonces. Algo estaba sucediendo con los hombres, que desaparecían de los registros oficiales y sin embargo, no había ningún registro de que hubieran fallecido. Al menos, no en España. ¿A dónde podrían haber ido? Entre los muchos nombres que utilizaban mis abuelas más lejanas, aparecían nombres portugueses: Rodrigues y Ramires, que terminan con la "s", como era la costumbre de los portugueses, y no con la "z" como el de los españoles. Ahora me veía investigando nombres como Santos y Goveia. Si sólo un pequeño río separaba a los dos países... ¿Podrían haber sido de Portugal y no de España?

Seguí profundizando en mi investigación y descubrí que entre Mogadouro, en Portugal y

Fermoselle en España, había gran cantidad de comercio y de contrabando entre el siglo XVI al XVIII. También aprendí que la población había crecido en un lado del río, y disminuido en el otro. Esto sucedió varias veces durante este tiempo de la historia. Dependiendo de la situación política, la gente iba y venía, alternando entre ambos países. Aún hoy en día, desde la orilla del río del lado de Fermoselle se puede ver Mogadouro en el otro lado. ¿Qué secretos guardará el río Duero? Es aquí, en Fermoselle que se encuentran el río Tormes y el río Duero. Un río, el Tormes, con sus aguas tranquilas desemboca en el otro, furioso. Toda una verdadera metáfora topográfica para el ambiente en el que mis antepasados vivieron en ese entonces ¿Qué dirían estas aguas si pudieran hablar? ¿Nos hablarían de aquellos judíos recientemente convertidos que murieron estrellados contra los acantilados de granito al cruzar el río, mientras trataban de escapar de la Inquisición? Nunca lo sabremos; pero los acantilados sí lo saben, y yo sentí que era mi misión la de desenterrar sus secretos.

No pude ir más allá del año 1.545 con los registros de la Iglesia. Yo estaba agradecida de que el decreto del Concilio de Trento me había llevado hasta allí. Después, tuve que confiar en los registros municipales y notariales, y éstos sólo se conservaban si había algún tipo de problema con un testamento o controversia sobre el fideicomiso de las tierras en el pueblo. Así llegamos a los registros notariales de la época, que eran casi imposibles de entender. Cuidadosamente, decodifiqué las letras ampliando los documentos en la pantalla de la computadora y de esa manera me familiaricé con los matices de los diferentes escribanos de la época Estos escribanos eran los que escribían los registros en la Edad Media. En Fermoselle había sólo unos cuantos. No todo el mundo sabía escribir, por lo que los escribanos se ganaban la vida mediante el registro de los eventos importantes. Era beneficioso para sus negocios el embellecer su escritura con florituras, líneas curvas y volutas. Cuanto más difícil era un documento de leer, sus servicios serían más necesarios para su posterior lectura a los demás. Como me volví más hábil para descifrar los archivos, fui capaz de adentrarme un poco más en el pasado. Para ese momento, ya había encontrado a mis 15 abuelas. Había documentado que todas tenían un nombre que en algún momento lo había usado algún judío converso, pero yo todavía no estaba satisfecha. Esto no era suficiente. Yo había pensado que con la necesaria investigación iba a encontrar algo, cualquier cosa, alguna clave oculta que me diera la certeza de que eran judíos. Me estaba desanimando. Las cosas no iban a la velocidad que yo esperaba.

Yo había tratado de documentar la existencia de la vida judía en Fermoselle en diferentes lugares y en diferentes momentos durante esta investigación. No había prácticamente nada escrito sobre este tema, pero sin embargo de vez en cuando, encontraba alguna referencia en alusión a la población judía de la aldea. No pensé que esto fuera posible. Si en este pueblo había judíos antes de la Inquisición, y luego en fechas posteriores tenía cripto- judíos, ¿dónde estaba tal documentación? ¿Por qué era yo la única que veía indicios de esto? La mayoría de las bibliografías sólo mencionaban su paso por el pueblo y no ofrecían más detalles. Eso simplemente no tenía sentido.

Capítulo
Once

*N*unca había estado en Fermoselle, pero había pasado toda mi vida escuchando los cuentos de mi abuelo. A pesar de que había estado leyendo y estudiando detenidamente los libros y manuales que mencionaban a Fermoselle, yo tenía mis dudas sobre un posible viaje. Me preocupaba cómo me iba a sentir internamente, si las emociones se me iban a desbordar. Yo no sabía lo que me iba a encontrar. Mi esposo me daba ánimos una y otra vez para que viajáramos. Insistía en que sería algo catártico, dado todo el esfuerzo que había invertido. Yo no podía hacerlo. Congelé la decisión de ir a Fermoselle y continué investigando y posponiendo el viaje.

Yo había pasado muchos años investigando en los blogs y los grupos en el Internet de la región de Zamora-Fermoselle, y ahora además aparecía Facebook en el horizonte. Me aventuré a entrar en estas comunidades en las redes sociales, preguntando sobre los conversos o sobre el pasado judío de la ciudad .Uno tras otro, blog tras blog, la gente contaba que los ancianos de la familia les habían dicho que descendían de judíos. Sin embargo, nadie sabía nada más que eso. Conocí a un primo cercano que vivía en Chile a través del Internet. El estaba fascinado con el hecho de que yo había hecho tanto sobre la genealogía de la familia. Me dijo que le habían dicho que efectivamente todos de la familia descendíamos de judíos y compartió *con*migo una historia muy completa sobre su rama de la familia, que había vivido en Fermoselle antes de mudarse a Chile. Y otra vez, en sus escritos encontré la frase: "Nos decían los Bollicos". ¡Qué extraño!. Ahora tenía la misma información de dos fuentes diferentes. Una venía de mi abuelo y la otra de mi primo de Chile. Sin embargo, esta búsqueda no estaba dando los frutos que yo había anticipado. Si era un hecho que había una comunidad judía en Fermoselle, ¿dónde estaban las huellas de esta población? Seguramente, alguien, en algún lugar, había dejado algo más que la información oral que yo estaba recibiendo desde todos los rincones de la tierra. El tiempo seguía pasando y mi frustración crecía cada vez más.

Un día, me enteré de que mi sinagoga había invitado a una historiadora de Israel que supuestamente era muy dinámica y a la vez una autoridad en el tema de los conversos. De hecho ella se había pasado toda la vida investigando el tema ¡Yo estaba encantada! Esto presentaba la oportunidad de finalmente obtener respuestas para todas mis preguntas, y de inmediato ofrecí que ella y su esposo se quedaran en mi casa cuando estuvieran en la ciudad. Ella dio una conferencia que fue muy bienvenida en la sinagoga, y luego, sentados en la mesa de mi cocina, le conté todo lo que había podido encontrar hasta el momento: mis recortes de papel, el árbol genealógico de mi familia y un dibujo hecho sin mucho detalle, que representaba el escudo de armas de la villa de Fermoselle. Era un simple escudo gris con una gran cruz sobre un fondo rojo. Nunca olvidaré cómo ella lo tomó en sus manos, y su mirada se perdió en la fotocopia, como si todos sus secretos fueran a salir rebotando del papel. Yo no veía nada fuera de lo común. Para mí se trataba de sólo un fondo rojo con una cruz gris grande, rodeada de varias cruces grises más pequeñas, con la palabra Fermoselle escrito en una pancarta en la parte inferior, escrita con la caligrafía del antiguo estilo de las letras inglesas. Ella lentamente dio vuelta a la fotocopia, invirtiéndola de manera que lo de arriba quedara abajo y viceversa, y "¡AJA!" "¡Ajá!," dijo ella Y allí, claro como el agua pudimos descifrar lo que antes decía ahora se veían como letras en hebreo. Las antiguas letras inglesas invertidas se habían convertido en discernibles letras hebreas: Se podían leer "lahmed, samej, guimel, vav y raish" y otras letras. Todas juntas formaban la palabra "lisgor" que significa "cerrado". Yo sabía que estaba cerrado. No sólo sabía que Fermoselle estaba cerrada a las referencias históricas judías, sino que además estas parecían haber sido olvidadas o ignoradas intencionalmente, pero no aquí, no en este antiguo escudo de armas y desde luego, no por mí.

Me di cuenta en ese momento que esta misión era mucho más profunda que mi necesidad de ubicar el linaje personal que yo tanto anhelaba. Estaba tan cerca que ya podía saborearlo. Tan cerca que casi podía tocarlo. Era obvio que una enorme parte de la historia judía había desaparecido y no quedaba registrada en ningún lado. La localidad de Fermoselle había logrado totalmente borrar su pasado judío. Yo sabía que en las grandes ciudades y en pueblos de España tales como Toledo, Sevilla y Zamora, la información sobre los judíos estaba en proceso de ser sacada a la luz. Quinientos años de clandestinidad habían dado lugar a una historia que solamente se mantenía viva en pequeños detalles: una tradición oral por aquí, una palabra por allá, este escudo de armas y no mucho más.

Sin embargo en mi cocina, aquella noche, la especialista estaba ahora revisando toda la documentación sobre mi linaje materno y me aseguraba de que todos los nombres eran de judíos conversos. Yo ya había documentado todo eso, pero ¿dónde estaba la conexión, el eslabón que faltaba? Yo tenía todo el papeleo, pero ¿cómo iba yo a conectarlos con el pueblo judío más allá que por su nombre? Para muchos, esta investigación habría sido suficiente, pero no lo era para mí: sentía que debía seguir adelante. Continuar con esta investigación podía tener un impacto positivo en las futuras generaciones. Me debatía entre dar prioridad al estudio de la familia o elegir primero el estudio de la aldea.

La historiadora y su marido se dirigían a Madrid la semana siguiente y accedió a tomar un desvío para llegar hasta Fermoselle. Ellos iban a lograr lo que yo había tenido miedo de llevar a cabo. No podía contenerme de la emoción. Yo sabía que ellos tenían experiencia y que había estado en persona en muchos de estos pequeños pueblos y ciudades, y que si había algún pasado judío por descubrir, ellos lo descubrirían de inmediato. Su tiempo era limitado, y yo estaba por demás agradecida. Ellos habían dedicado sus vidas a estos viajes y ayudar a los *B'nei Anusim* (lo que literalmente significa, hijos de los forzados) a regresa al judaísmo y, eventualmente hacer *aliá*. Se alojaron en una pequeña posada a la entrada del pueblo, y pudieron obtener información sobre la historia oral de los judíos que vivían en el pueblo. Los llevaron a caminar por una pequeña calle de tierra donde en una de sus casas se podían ver letras hebreas en la parte superior de una puerta Ellos sacaron con naturalidad una cámara para registrarlo, y les pidieron que no tomaran fotografías. Aún hasta el día de hoy, ella se lamenta de no haberlas tomado. También les explicaron que los propios judíos habían establecido el pueblo como un centro importante para el tránsito de los judíos de España a Portugal. Se decía que bajo el pueblo había un laberinto de túneles que habían sido abiertos por los judíos y luego unidos entre sí para construir pasadizos secretos para los judíos de la época. En el diario oficial que la historiadora llevaba para dar cuenta de sus actividades al consejo de administración escribió lo siguiente:

Nuestra visita al norte de España, en junio, (en este sentido fue particularmente fructífera en poder ayudar a uno de nuestros miembros que vive ahora en Miami, de origen español cubano, para seguir la pista de su familia que se originó en la pequeña ciudad aislada de Fermoselle, que está cerca de la frontera con Portugal. Aquí encontramos muchos residentes conscientes de sus conexiones judías y de la presencia en los edificios de numerosos pasajes subterráneos que habrían albergado judíos en tiempos antiguos, así como los vestigios de la judería. -Gloria Mound.

Más o menos al mismo tiempo, yo estaba con una amiga de mi comunidad en Miami que era de Nicaragua. Empecé a contarle la historia de mi búsqueda, y ella me dijo que su abuela era también de Fermoselle. Luego me contó sobre el día en que su abuela católica estaba muriéndose en un hospital en Managua y comenzó a pedir que viniera un rabino. La familia pensó que había perdido la razón, y llamaron a un sacerdote. Cuando él llegó, ella se mostró agitada y pidió un rabino una y otra vez. Como no había ninguna comunidad judía de Nicaragua en esa época, trajeron a un anciano judío. La abuela le pidió que rezara y anunció a la familia que todos ellos eran judíos. Había guardado el secreto por tanto tiempo como pudo, pero ahora quería que supieran que eran judíos y que su linaje materno nunca se había interrumpido, desde hacía siglos. Le pidió a su hija que le desabrochara una cadena con una bolita de oro colgando que llevaba alrededor de su cuello. No se la había quitado en toda su vida. En ese momento de la historia, mi amiga hizo lo mismo: se quitó la cadena y me puso en la mano esa misma bolita de la que me estaba hablando. Era del tamaño de una canica de vidrio, como que usan los niños para jugar. Ella me dijo que apretara ambas mitades suavemente y las abriera. La pequeña esfera se abrió, descubriendo una cadena hecha de pequeñas estrellas de David. Esta pieza de joyería que se había elaborado hacía tanto tiempo permitía que su usuario ocultara preciados símbolos dentro. Este era un símbolo muy apropiado, ya que es similar a la forma en que los conversos escondieron su verdadera identidad dentro del catolicismo. Esa familia finalmente regresó a la religión de sus antepasados, y ella había criado a dos hijas encantadoras que están profundamente inmersas en la religión judía. Un collar, una historia, una familia menos que se le pierde a nuestro pueblo. Me llené de nuevo de determinación y para continuar mi búsqueda.

Inmediatamente me di cuenta que habían muchas indicaciones que apuntaban en la misma dirección. Nuestros antepasados tal vez no pudieron dejar testimonios impresos, pero al menos habían dejado migas de pan en el camino que nos llevarían de vuelta a descubrir su historia. Con el pasar de los años tal vez las aves se las comieron, pero sin duda su incesante canto había sido escuchado. No era casualidad todo lo que estaba encontrando o las historias que oía provenir de diferentes lugares del mundo de los descendientes de los habitantes del pueblo de Fermoselle. Donde hay humo, hay fuego. Y seguí hacia delante.

Regresé con el genealogista, y esta vez le pedí que investigara el árbol de mi abuelo materno. Yo sabía que él y mi abuela eran primos primeros o segundos, por lo que pensé que iba a encontrar finalmente el ancestro que tenían en común. Yo no sabía si iba a encontrar algo diferente de lo que ya tenía, pero estaba posponiendo el temido viaje a Fermoselle. Todavía no entiendo el por qué, en el fondo, tenía tanto temor. Mis amigos me preguntaban todo el tiempo cuándo iba a llevar a cabo el viaje, y yo aplazaba la respuesta. Yo no estaba lista.

Poco a poco, la información de los archivos empezó a llegar, y en las primeras horas vimos que mis abuelos maternos compartían exactamente los mismos abuelos. En los días siguientes comenzaron a aparecer un nivel muy alto de matrimonios entre primos, un nivel de consanguinidad que era a la vez tan fascinante como aterrador.

Empezamos la documentación de los matrimonios entre la familia de mi abuelo y la de mi abuela, siguiendo ambos árboles genealógicos. En cada generación de por medio, o incluso dentro de la misma generación, encontramos matrimonios entre primos. Me habían dicho que esto era muy común entre las familias de judíos conversos, pero esta era la primera vez que realmente lo veía con mis propios ojos. Mi árbol no se ramificaba hacia los lados, como los árboles normales, sino que ahora se había convertido en una gruesa espiral llena de nudos. Era muy difícil entenderla o explicárselo a los demás, a pesar de que yo misma había sido quien que lo armó de esa forma. Finalmente decidí que lo mejor era hacerlo a mano y olvidarse de tratar de hacerlo con un programa de computación. Corté tarjetas de color rosa para las mujeres y azules para los hombres y escribí cada nombre en las tarjetas. Empecé a subir en el árbol, yendo hacia el pasado. Cada vez que llegaba a un matrimonio entre primos cambiaba la tarjeta rosa por una amarilla y la azul a una verde. Poco a poco, mi árbol iba tomando sentido y fui capaz de hacer esto remontándome por todo el camino de regreso hasta 1545. Todavía guardo cuidadosamente esa enorme hoja de papel, ya que, a veces, es la única cosa que me permite entender completamente lo que está pasando con mi árbol genealógico. Los nombres saltan de un lado del árbol al otro y se repiten con bastante frecuencia. Mi árbol de familia es típico entre la historia de los cripto-judíos: no sólo por el gran número de matrimonios entre primos, sino también por los nombres de los niños y la repetición de los nombres de una generación a la siguiente.

Hasta la fecha, no he sido capaz de encontrar un programa que pueda imprimir un árbol como el mío en su totalidad. En los blogs de la comunidad *Bnei Anusim* hablé sobre el tema y supe que se trataba de un problema común que todos compartimos al intentar hacer nuestros árboles genealógicos, pero por lo menos he llegado a entenderlo completo y soy capaz de explicárselo a los historiadores y a otros que han mostrado interés.

Es importante explicar por qué he utilizado muchos términos diferentes para referirme a mis antepasados. La razón principal se debe a que muchos de estos términos corresponden a lo que describen, pero al mismo tiempo tampoco estoy segura de qué término es el correcto en referencia a mi familia. Es importante tener en cuenta que existe un gran debate en el presente sobre el término que debiera utilizarse, que sea políticamente correcto, cuando se escribe acerca de los conversos forzados de la Inquisición española. Menciono todos los términos en un momento u otro, no me avergüenzo de ninguno de ellos, ya que son la realidad de las personas de las que desciendo. Yo no estoy en su lugar, y jamás he estado en una situación semejante, y desde luego no puedo juzgarlos a ellos ni a las decisiones hechas en el momento cuando se enfrentaban a la espada de la

Inquisición. Por eso, prefiero no entrar en la polémica de que el debate en curso.

Un cripto-judío es definido como aquel que practicaba el judaísmo mientras fingía ser católico. El término marrano se utiliza para cualquier persona que se descubriera que se había convertido al catolicismo, pero seguía practicando la religión judía en secreto. Marrano también significa "cerdo" en español. Un converso era una persona que públicamente, siendo judío, se había convertido al catolicismo; sin embargo, los conversos estaban constantemente bajo sospecha de no ser totalmente católicos practicantes. Cristiano nuevo era el nombre que la Iglesia daba a una persona que se había convertido, originalmente proviniendo del judaísmo, mientras que término cristiano viejo era utilizado para describir a una persona que nunca había tenido sangre judía. Recientemente, en hebreo, el término utilizado es *B'nei Anusim*, lo que significa, literalmente, hijos de la coacción o hijos de los forzados. En mi caso yo sería una de los *B'nei Anusim*. Todos los términos anteriores significan más o menos lo mismo, pero con diferentes matices. Hay mucha controversia en el mundo sefardí sobre este tema, tanta que, cuando se escriben libros del tema, hay mucha mención a estos términos y a su uso aceptado actualmente.

Es interesante que cuando el árbol de mi abuelo empezó a llenarse, encontré algunos registros notariales inusuales, que se remontan a finales del 1400. Había documentos de voluntades anticipadas y testamentos que muestran que los fallecidos en mi familia tenían parientes en Mogadouro, Braganza, así como en otras ciudades de Portugal. Había también "cartas de dote", o sea, compromisos de cuánto sería la dote acordada. Estos son muy interesantes porque muestran con detalle lo que la novia y el novio aportaban al matrimonio. En la "carta de dote" de mi última abuela, se menciona que el novio le daría un collar de coral y plata fina, como era la tradición en el pueblo en ese momento. Una gran cantidad de información folclórica y colorida había sobrevivido a través de estos registros notariales, pero sin embargo no terminaba de encontrar conexiones o menciones que se refirieran a algo judío.

Algo que es llamativo es que también encontré varios sacerdotes de mi árbol genealógico. Había uno en cada generación. Pensé que esto era muy extraño, pero luego de investigar aprendí que la mayoría de las familias de conversos se aseguraban de que hubiera un sacerdote en cada generación. Este sacerdote sería el encargado de asegurarse que los matrimonios que se hacían en las iglesias se llevaran a cabo de acuerdo con las leyes de Moisés y de Israel. También estos sacerdotes se encargaban de que algo faltara en cada ritual católico, y aunque estos rituales parecieran ser católicos, en realidad se intentaba que fueran lo más fieles a la ley judía. Solamente el sacerdote conocía estos secretos, y sólo un sacerdote de la familia era capaz de disimular ante las más altas autoridades de la Iglesia, el hecho de que tantos matrimonios que tenían lugar eran entre primos. Porque este tipo de matrimonios estaba prohibido, la Iglesia Católica requería un permiso especial para poder aprobarlos. El sacerdote de la familia se aseguraba de obtenerlos. Para los bautismos especiales que se realizaban en los hogares, los conversos necesitan la documentación completada correctamente también. Empecé a ver un patrón emergente en los registros: los testigos eran por lo general los mismos dos o tres hombres. Cada enorme registro encuadernado a mano tenía tres bautismos registrados por página. Para mi familia, por lo general eran los mismos testigos que solían repetirse. Era extraño. Tal vez era una coincidencia, pero tal vez no lo era.

Cabe señalar que aún seguía postergando la visita a Fermoselle, aunque para entonces, por haber estudiado tanto, ya sabía todos los nombres de las calles y prácticamente a dónde debía acudir cuando llegara a la Plaza Central. Pero yo no estaba lista. No podía explicarlo, pero yo no estaba lista

Capítulo
Doce

*H*abía llegado el momento para llevar mi investigación hacia el siguiente nivel. Yo quería que los Rabinos de las cortes en Israel me reconocieran como judía de nacimiento y no como conversa .Tenía todo lo que pensé que necesitaba: había documentado meticulosamente los nombres, las tradiciones, y las murmuraciones sobre los orígenes judíos de Fermoselle así como los elementos folklóricos que yo poseía o había visto, como joyas. Preparé toda mi documentación en triplicado. Dejé dos copias en casa y me fui a Israel llevando otra conmigo. Yo había oído hablar de una organización que estaba trabajando con los descendientes de las personas que vivían en los pueblos de España antes de la Inquisición, y sabía la gente que trabajaba para esa organización, comenzando por los rabinos eran expertos en entender las familias judías conversas como la mía. Estaba muy nerviosa durante esa primera visita. Me senté en una pequeña mesa en la parte trasera de una oficina que tenía archivos y documentos apilados en cada uno de los rincones. Abracé mi cuaderno y acerqué las cajas hacia mí. Yo no quería pasar a ser otro archivo más como esos. Había trabajado muy duro para llegar hasta ese momento y ese lugar. Para mi propia sanidad mental necesitaba ese cierre, ese entendimiento. Me senté con el rabino y la Directora. Ellos me escucharon atentamente cuando comencé a contar la historia y a medida que iba desarrollando las explicaciones sobre el árbol genealógico, los mapas, las fotos, los nombres de los judíos conversos y demás cosas. Parecían un poco aturdidos. Se quedaron silentes.. Se preguntaban unos a otros sobre este libro o que aquella referencia. Buscaron los apellidos que aparecían en mi árbol. ¡Bingo! Existían también en sus libros. Los buscaron nuevamente. ¡Sí!!Los habían encontrado! Y sin embargo lucían asombrados. Yo también estaba un poco sorprendida. ¿Acaso no era esto lo que hacían para ganarse la vida? Ellos investigaban familias como la mía, ¿correcto? ¿Por qué estaban tan sorprendidos? Parece que hasta ese momento, habían investigado comunidades enteras, pueblos con su pasado, la historia y que tenían pruebas en forma de grabados, dibujos, etc. Pero nunca habían tenido un caso con el mío, con una sola persona que investigaba un pueblo del que nadie había oído hablar. Un pueblo donde no había historia impresa. Mi familia se había originado en un pueblo que no era más grande que un punto en el mapa. Me dijeron que yo era la primera en llegar a ellos con una cosa así. Por lo que ellos sabían, nadie había documentado la historia de su familia de esa manera, yendo hacia atrás más de 500 años y demostrando sin dejar ninguna duda, que cada nombre de la lista era uno utilizado por los judíos conversos, y todo además respaldado por los documentos originales para comprobarlo. Enfrente de ellos, esparcidos sobre esa pequeña mesa, se encontraba toda la evidencia que había podido conseguir a través de los años.

Me hicieron un sinfín de preguntas. El motivo de esta apasionada búsqueda era de gran interés para ellos. Nadie, nunca hasta ese momento, había traído el caso de una familia que provenía de esa ciudad o esa región. Que era -y todavía soy- la primera que se conocía. Le expliqué mi necesidad de tener un *hechsher,* o sello de aprobación, para dar cierre a la historia de una familia cuyas voces habían sido silenciadas tantos cientos de años atrás. Tenía una necesidad imperiosa de corregir los errores que se le habían hecho a mi familia hace tantos años atrás.

El rabino me explicó que este era un terreno que todavía quedaba por descubrir. Algunos pobladores y sus descendientes en Portugal, tales como algunos famosos de ciudades como Belmonte, habían regresado al judaísmo. Pero esos pueblos aún tenían personas que habían mantenido algunos rituales judíos en secreto hasta tiempos modernos. Estos grupos aislados realizan circuncisiones, celebraban las fiestas judías y sabían que eran judíos, pero mi caso era diferente. Mi familia había sido católica desde hacía 500 años. El rabino necesitaba más pruebas para encontrar un eslabón indiscutible entre la evidencia circunstancial y algún un hecho real. Me dijo que tenía que encontrar la documentación para probar que alguien en mi familia había sido juzgado o quemado en la Inquisición por ser judío. No podía creer lo que me decía ¡Esa no sería una tarea fácil!. Cuando sentí que justo estaba llegando a la meta alguien me levantaba y me depositaba nuevamente al principio de la carretera. Dejé mis papeles con ellos, me desearon todo lo mejor, me acompañaron hasta la puerta y se despidieron de mí deseándome suerte. ¡Mi cabeza todavía me daba vueltas! Sabía que lo que venía era muy difícil, pero no imposible. Una vez más acepté el desafío.

Yo estaba inquieta y desanimada. Pospuse mi investigación por varias semanas, y esas semanas se convirtieron en meses. Mi amigo Abraham era siempre un gran apoyo y me animó a que tomara el descanso que tanto necesitaba. Sin embargo, ya había dejado pasar mucho tiempo y él comenzó a presionarme para que siguiera adelante. A través de una distancia de miles de kilómetros y por medio del teléfono, él tomó mi mano y me ayudó a cruzar obstáculos para que pudiera dar ese salto hacia atrás. Yo tendría que escarbar en los registros de casos reales de aquellos que habían sido juzgados y condenados por la Inquisición española.

España estaba obsesionada con el mantenimiento de sus archivos. Todo estaba escrito, encuadernado y ordenado en cajas. Nada se había descartado. Pude rastrear a mi familia gracias a esto. En el caso de los judíos, los españoles de la época querían estar absolutamente seguros de que la gente siempre supiera quién fue judío. Querían asegurarse de que todo el que quisiera tener un cargo en el gobierno o comprar terrenos no tuviera sangre judía. Ellos requerían certificaciones que establecían que una familia había estado libre de sangre judía por varias generaciones. Se publicaban los nombres de los conversos o cristianos nuevos en las puertas de las iglesias para asegurarse de que todo el mundo supiera quiénes eran, y las antiguas familias cristianas estarían en guardia y evitarían casarse con descendientes de aquellos que habían sido judíos. He visto antiquísimos registros notariales que decían cosas como: "Juan Ramíres, un cristiano nuevo, antes era conocido como Moisés Cohen". Yo siempre había esperado encontrar registros de bautismo indicando el nombre judío antiguo y el cristiano nuevo, pero los registros nunca se mantenían de esa forma. Yo había deseado y rezado fervientemente esperando que este sistema de registro impecable revelase información como por ejemplo: "Moisés Cohen fue bautizado hoy en día y su nuevo nombre es ahora Juan Ramírez", sin embargo, esto no sucedió. Los españoles guardaban los archivos sobre quienes eran judíos, pero se aseguró de que la conexión entre los apellidos viejos y los nuevos desapareciera. A menudo he comparado y contrastado esto con los tiempos en que éramos esclavos en Egipto. Incluso entonces, los faraones nos permitieron mantener nuestros nombres y nuestra ropa, e incluso habían dado un trato especial a los levitas. En España, sin embargo, los reyes españoles nos quitaron todo eso desde el principio, en nombre de la religión.

Entonces comencé a explorar toda una nueva área de investigación: los registros de la Inquisición. Me enteré de que en aquellos días en España, en el Reino de Castilla donde se encuentra Fermoselle, había 11 tribunales de la Inquisición, incluyendo lugares tales como Granada, Toledo y Valladolid. El Reino de Aragón tenía 5 cinco tribunales, entre ellos uno en Barcelona. Esto significaba un total de 16 tribunales en toda España. Investigué y descubrí que el pequeño pueblo de Fermoselle había caído bajo la jurisdicción del tribunal de Valladolid. Busqué en Internet información sobre dónde se guardaban los registros, y más que nada, por si éstos habían sido digitalizados. Llamé al municipio de Valladolid, y me dijeron que los registros se encontraban en el Archivo Histórico de Madrid. ¿Digitalizados? Se rieron. Los documentos del proceso de la Inquisición estaban en cajas, sin tener ningún orden en particular en cuanto a las ciudades, sólo agrupados por región. Había un solo documento para cada caso, y estaban sin encuadernar. Yo tendría que echarles un vistazo uno por uno para encontrar un proceso del tribunal de Fermoselle. Me recordaron amablemente que los tribunales de la Inquisición habían comenzado en 1488 y sólo terminaron en 1834. ¿En 1834? ¿Podría ser posible? Parecía que sólo fuera ayer en comparación con el número de años que había logrado remontar en mi viaje. Pocas personas saben que la Inquisición española duró oficialmente trescientos cuarenta y seis años. Es Increíble. Sólo podía imaginar la cantidad de nombres de personas de Fermoselle que habría en esas cajas y el número de registros que tendría que peinar con empeño.. Los registros estaban en castellano medieval. Una vez más necesité la ayuda de mi genealogista y colega. Fernando, con quien ya habíamos entrado en confianza, y con quien trabajábamos muy bien juntos. Ya no dudaba de que mi familia fuera judía. El identificaba mi tenacidad como una cualidad judía. Fernando partió a Madrid a ver los archivos.

Apenas pude contener mi emoción cuando comenzó su búsqueda en Madrid. Estaba tan acostumbrada a recibir complejos informes nocturnos, que esperé sentada al lado de la computadora la primera noche, pero no llegó nada. Así también pasó el segundo día, yo esperando y esperando, y otra vez, no oía ni pío. Yo estaba preocupada... Este hombre solía trabajar durante el día y hasta bien tarde en la noche. Hasta entonces, siempre me había enviado informes muy largos y meticulosos, y sin embargo ahí se me pasaba otra noche con el silencio de mi computadora y del teléfono. Yo confiaba en él implícitamente ya que él estaba trabajando en el proyecto que habíamos acordado. Yo no quería presionarlo, pero no podía aguantar más la espera. Le envié un breve e-mail preguntándole si estaba bien y si todo iba según lo planeado. Tal vez, pensé, tenía tanta información que no había manera de que pudiera traducirse fácilmente al español moderno. Recibí una respuesta críptica: "Las cajas son muchas", me dijo, "y la información no está en ningún orden en particular; está tomando más tiempo de lo previsto". No me esperaba esto. Estuvo una semana en Madrid investigando los archivos de la Inquisición, y al final de su investigación, él me informó que la búsqueda había sido en su mayoría infructuosa. Lo único que había encontrado era a dos personas que habían sido llevados a juicio y juzgados y condenado que provenían de Fermoselle. ¿Qué? Él había estado trabajando en esto por toda una semana. Sabía castellano antiguo muy bien. No tenía dudas. Esto era todo lo que él había encontrado. Me explicó que había abierto todas las cajas y que había buscado la palabra Fermoselle o Zamora. Si no eran del pueblo, ni siquiera las miraba. Se sentó allí durante días y días, abriendo y cerrando cajas, hojeando a través de cientos de registros, y que había encontrado sólo dos. Y esos dos no pertenecían a mi familia. Me sentía desolada.

¿Dos? ¿Cómo era posible? Yo había escuchado con atención las charlas de Internet de los descendientes de las familias judías de Fermoselle. Había documentado todos los nombres judíos en mi árbol genealógico. Guardaba las joyas antiguas, y sabía que las costumbres familiares que eran de origen judío. Tenía tantas pruebas circunstanciales y sin embargo, él sólo había encontrado dos personas entre miles de registros? Esto simplemente no tenía sentido. Sentí que el globo de mi esperanza se desinflaba y se quedaba enredado entre mis pies. Me sentía pesada, atada, como que ya no podía continuar. ¿Qué estaba pasando? ¿Por qué no había pruebas sobre los juicios? Mi familia no era más lista que ninguna otra, los judíos de Fermoselle no eran más ingeniosos que otros para esconderse, eso no tenía ningún sentido. Miré y leí de nuevo y ME ASEGURÉ de que estábamos investigando en los documentos del tribunal correcto. "Sí", me aseguró el genealogista Estábamos en el lugar correcto. El único lugar. Ningún otro tribunal fue el responsable de la gestión de Fermoselle. ¡Que vuelta habíamos dado! El estaba casi avergonzado de tener que darme su informe. No quería que me decepcionara de esta manera, sin embargo, allí estaba: DOS personas y nadie más había podido encontrar que procedieran de Fermoselle, y ellos ni siquiera eran de mi familia. Decidí tomarme un descanso permanente. Estaba desconsolada. Yo había tenido demasiado con todo esto y sentía que no podía hacerlo más.

Mi esposo Michael no quería ni oír hablar de ello, la idea de tomar un descanso era inconcebible. Esto era demasiado importante. El me había acompañado durante mis altibajos y no podía verme desesperada, no lo iba a permitir. Insistió en que era hora de ir a Fermoselle. No había ninguna otra opción. Me había demorado lo suficiente, y él me prometió que, de una manera u otra, encontraríamos nuestras respuestas en el pequeño pueblo donde todo había comenzado. En 15 generaciones, nadie en mi familia había abandonado la localidad de Fermoselle. Mi abuelo fue el primero en irse. Mi madre, de hecho, fue la primera en casarse con alguien de afuera de la familia. Ella no se casó con un primo. Michael programó el viaje, y partimos. Una vez ahí literalmente tuvo que empujarme y llevarme por toda España. Yo no quería enfrentarme cara a cara con el pasado.

Capítulo
Trece

*A*l llegar a Madrid recibí la sorpresa de enterarme que mi gran amigo Abraham también iba a venir con nosotros. Michael había organizado esto para que entre los tres pudiéramos llegar a entender este pueblo sobre el que había escrito tanto. Yo estaba encantada de tener a Abraham con nosotros, y creo que Michael estaba tranquilo, sabiendo que él también tendría apoyo de nuestro amigo al tener que lidiar conmigo y con mis emociones. Antes de llegar a Fermoselle pasamos un día en la Biblioteca y Archivo Histórico de Zamora, a unos 50 kilómetros de distancia de nuestro destino. Copié volumen tras volumen que hablaba sobre la historia de la región y que hacía mención o cualquier referencia a la historia del pueblo judío. No importaba cuán insignificante fuera, quería tenerla para después poder comprender más profundamente cómo era la vida en esa región a finales de los 1400 y hasta principios del 1600.

En los archivos descubrí que Fermoselle había sido protegida en tiempos antiguos por los obispos católicos y que había sido vendida o intercambiada por ser una ubicación estratégica en la frontera con

Portugal. A través de la historia y como constaba en todos las referencias, el pueblo no era tan insignificante como actualmente parecía: había desempeñado un papel importante como moneda de cambio para muchos pactos reales de la época. Los obispos, al igual que la Iglesia, habían ejercido gran poder, y el pueblo había sido en varios momentos un protectorado independiente.

Nuestro día de investigación había terminado en Zamora, y nos dirigimos hacia Fermoselle, con la intención de pasar varios días allí, incluyendo el *Shabat*. En el camino a Fermoselle, solo se podía ver lo que parecía como un vasto terreno baldío que había sido tierra fértil en el pasado. Se veían ruinas de viejas pequeñas capillas: altas cruces de antigua piedra presidían sobre las viejas y enredadas viñas, lo que era el patrimonio de esta tierra, se hallaban por todas partes. Sin embargo, de alguna manera, se podía ver más allá de todo esto, y había una cualidad inquietante que invitaba a adentrarse en el paisaje para descubrir todos los secretos de su pasado. En la carretera no había nada de tráfico, y kilómetros tras kilómetros, nos veíamos atraídos a ser testigos de la magia de esta tierra, de su pasado y de su gente. A medida que seguíamos conduciendo, ya no podíamos ver ninguna civilización detrás de nosotros. Por kilómetros no había nada ni detrás ni adelante de nosotros.

Mientras nos íbamos acercando, yo ya no tenía miedo de lo que iba a encontrar. Yo estaba entusiasmada y de alguna manera me sentía como en casa en este lugar, donde al menos físicamente, nunca había puesto un pie hasta entonces.

Cuando entramos en la pequeña localidad de Fermoselle, era el final de la tarde. Incluso desde su propia entrada, podíamos ver al río Duero enfrente de nosotros, y parecía que no había nada detrás. Tuve la sensación de que no podía regresar por el camino por el que había venido. Sentí escalofríos por mi columna vertebral por este pensamiento que había aparecido en la cabeza de la nada. Sentí que sólo podía seguir yendo hacia adelante, y en ese mismo momento, entendí. Mi familia no había vuelto a España, y por lo tanto, no se encontraba en Valladolid ni siendo juzgada en sus tribunales. Mi familia y los vecinos tenían que haber seguido hacia adelante. Hace adelante significaba hacia Portugal. ¡Estaba eufórica! Yo sólo podría asimilar plenamente esta información más adelante.

El *Shabat* estaba casi, y nos instalamos tan rápido como pudimos en el albergue local en la entrada del pueblo. Abraham tenía una habitación, y nosotros otra del otro lado del pasillo. Era un hostal bien amueblado que en un momento, había sido las caballerizas de la estación de policía en las afueras de la ciudad. Nos preparamos para el *Shabat* con comida que habíamos traído y armamos una hermosa mesa en la habitación de Abraham, que era la más amplia de ambas. Apenas habíamos comenzado nuestras oraciones y cantos, las luces del cuarto comenzaron a encenderse y apagarse. Nos miramos entre nosotros y seguimos cantando. Las luces siguieron parpadeando intermitentemente. Cuando finalmente nos callamos y empezamos a comer, las luces se quedaron encendidas normalmente. Cada vez que cantábamos o rezábamos, volvían a parpadear.

Los pragmáticos de mi marido y nuestro amigo insistían en que las luces eran activadas por el sonido de la voz, sin embargo al experimentar con otros ruidos como hablar, gritar o aplaudir, nada las alteraba. Al irnos a nuestra propia habitación, Abraham me pidió que me llevara a mis "parientes" conmigo. Esto no era una broma.

De vuelta en nuestra habitación, nos tiramos en la cama y nos quedamos dormidos de puro agotamiento. Habíamos venido volando desde el extranjero durante muchas horas, después fuimos a investigar en Zamora, acabábamos de celebrar el *Shabat*, y finalmente, ahora podíamos descansar. A la mañana siguiente, cuando me desperté, me encontré sola en la habitación y supuse que Michael estaría rezando con Abraham en la habitación al otro lado del pasillo. Me vestí en silencio. Recogí mi *Sidur* (libro de rezos) para decir las oraciones del *Shabat*, y en el instante en que abrí el libro, las luces de mi habitación empezaron a titilar. Hasta ese momento, todas habían estado apagadas. Yo no había hablado, ni había hecho el menor ruido. Salí disparada de mi habitación y corrí a la habitación de Abraham. Los encontré rezando en silencio, con las luces apagadas. Ellos me miraron de tal forma que supe que habían comprendido exactamente lo que había sucedido. Después de esto nos dimos una vuelta por el pueblo y luego nos sentamos alrededor de la mesa de la habitación para compartir el almuerzo de *Shabat*. El incidente con las luces volvió a repetirse. Nosotros nunca sabremos realmente qué fue lo que pasó, pero los tres habíamos sido testigos de estos fenómenos en ambas habitaciones, y sabíamos también, cada vez con mayor certeza, que en 500 años esta era la primera vez que el *Shabat* era celebrado abiertamente, y con alegría en esa ciudad. Aún hoy siento escalofríos mientras escribo esto. Nunca hubo un momento más perfecto para decir "*Sheejeianu*," una bendición en hebreo que se dice en ocasiones muy especiales.

Los días siguientes los usamos para caminar por las antiguas y tortuosas calles de Fermoselle. Pudimos ver arcos y casas de piedra agrisadas construidas prácticamente una encima de la otra. La mayoría de estas calles conducían hacia la plaza en el centro del pueblo. Caminamos ida y vuelta por las calles de adoquines, porque sólo la calle principal estaba pavimentada. No había absolutamente ninguna estructura moderna allí. No podíamos ver nada que fuera posterior al 1800. Vimos bodegas cerradas, muy poca gente caminando, y cuando nos cruzábamos con alguien en general era gente de edad avanzada y caminando inclinados sobre un bastón. Paré a cuanta gente pude en la calle para preguntarles si sabían algo sobre el pasado judío de la ciudad. Todos negaban con la cabeza y decían: "No" Nadie parecía saber nada. Yo preguntaba a uno tras otro y todas las veces la respuesta que recibía era "No". Le pedí a Abraham que hiciera él la pregunta, porque al ser español y no tener acento extranjero tal vez asustaba menos a los pobladores, quienes podrían estar más dispuestos a dar información. Sin embargo la respuesta seguía siendo "No, no había judíos aquí." Le pregunté lo mismo al dueño del hostal, quien además tenía el mismo apellido que mi tatarabuelo, y él también respondió, "No." Él me dijo que a lo largo de la historia muchos tipos de personas habían pasado por el pueblo, y que en realidad esto no les importaba a los habitantes actuales. Me dijo que en la actualidad los habitantes del pueblo se consideraban como un producto de "una gran olla de fusión histórica" Me dijo que no sabía nada con respecto a los judíos.

Yo pensaba que no era posible que esto estuviera pasando, que nadie tenía memoria o historias sobre los judíos. Yo había estado conectada en Internet con gente que sabía que en algún momento sus familias habían sido judíos en Fermoselle, y últimamente, en muchos de los pueblos de los alrededores habían ido apareciendo vestigios de la vida judía del pasado. Además, yo había visto una página escrita con frases, refranes y demás cosas interesantes para saber sobre todos los pequeños pueblos de la zona de Fermoselle.

En Internet había encontrado un refrán acerca de Fermoselle, que decía: *"Judíos por los cuatro costados, y si no lo creáis en la puerta de la iglesia lo veráis pintado."*

Decidimos ir a ver la iglesia principal, que se encuentra justo en la entrada de la gran plaza del pueblo. Cuando llegamos allí, nos dimos cuenta de que había dos grandes puertas decoradas, de madera antigua rodeadas por arcos románicos, tallados en piedra con pequeñas caras, animales y flores que los rodeaban. También había una puerta lateral de madera más pequeña, y recién más tarde nos enteramos que había sido la entrada principal en la época medieval. Estudiamos con mucha atención las tres puertas y sus arcos. Miramos hacia arriba, miramos hacia abajo y todo alrededor de los lados de la iglesia, y no encontramos nada. Había marcas de cantero y cruces talladas en las piedras pero nada más. Tomamos muchas fotos, y no fue posible sacar una conclusión fehaciente ya que nada en las puertas, las paredes o los arcos contenía referencias judías ocultas. Tal vez las pistas estuvieran ahí, pero nosotros carecíamos de los conocimientos necesarios para reconocerlas. Mi esposo Michael vio que me estaba sintiendo abatida y empezó a decirme suavemente que debía recordar que habían pasado 500 años, y que las posibilidades de que algo hubiese perdurado para que nosotros lo encontráramos eran insignificantes. Yo no quería oír esto. Habíamos llegado muy lejos en este viaje emocional. Seguimos adelante.

De repente, las puertas de la iglesia se abrieron, y justo en la entrada y envuelta en la oscuridad, vimos a una mujer elegantemente vestida sentada detrás de una pequeña mesa cuadrada que tenía una alta pila de libros, un bloc de notas y una pequeña lámpara. Me habían hablado de ella en el hostal, y me habían dicho que ella tenía mucho conocimiento sobre la historia del pueblo. Me presenté y comenzamos a hablar, y así descubrí que tenía los mismos e inusuales apellidos repetidos como los de mi abuelo. Inmediatamente pensé que esto aseguraba un buen comienzo. Le conté que había hecho un árbol genealógico que mostraba como mi familia estaba firmemente plantada en este pueblo desde hacía varios siglos. Le aseguré que no estaba interesada en las propiedades o la tierra y que sólo estábamos allí por pura curiosidad e el interés académico. Ella pareció relajarse un poco, cuando le preguntamos sobre el pasado judíos de la ciudad. "No había ninguno, que yo sepa", dijo ella, "pero los invito a visitar la iglesia". Le preguntamos si había alguna sinagoga, y ella dijo: "No, nunca ha habido ninguna". Le volvimos a preguntar por los judíos y ella contestó que muchos tipos de personas diferentes habían vivido allí, y que a pesar de que había oído que los judíos habían pasado por el pueblo muchos años atrás, no había nada físico para ver. Le preguntamos acerca del refrán que aparecía en el Internet, acerca de los judíos por los cuatro costados, y ella dijo que era una tontería. Nos aclaró que era ella quien cuidaba la iglesia y que lo había hecho durante muchos años, y que ella habría tenido el conocimiento cualquier cosa semejante. Me volvió a preguntar si tal vez yo quería entrar y ver la pila bautismal. Ella nos dijo que la iglesia había sido construida por los 1400 para funcionar como iglesia, y que nunca había sido otra cosa. Nos contó que todos los arcos eran románicos. Le pregunté acerca de los antiguos registros de la iglesia y ella me dijo que cada cien años ellos los encuadernaban y los enviaban a Zamora. Esto era cierto, ya que los documentos familiares habían sido localizados en Zamora. Le pregunté si la biblioteca tenía documentos archivados, y ella dijo que no, que no había nada ahí, y que debíamos ir a Zamora. Siendo también era la historiadora del pueblo, pero parecía no saber demasiado, al menos sobre mi tema. Nos encogimos de hombros, le agradecimos y nos marchamos. Se me ocurrió que tal vez ella creía que yo me encontraba en Fermoselle para tratar de recuperar alguna de las antiguas casas familiares, muchas de las que siguen en pie hoy en día. Hay una leyenda entre los conversos que dice que la gente que tuvo que irse hace tantos años simplemente se fueron, cerrando sus hogares con llave, sin jamás desprenderse de ellas porque daban por sentado que volverían algún día. Y que los herederos de esa llave todavía son los legítimos dueños de las viviendas. Yo no tengo ninguna llave. Seguimos caminando y decidimos que tal vez valía la pena probar un acercamiento diferente y quizás más suave. Dejé a Abraham y a Michael en la plaza y regresé sola a la iglesia. Le aseguré a la historiadora que yo no quería obtener nada que fuera tangible. No obstante, ella insistió en que no sabía nada. Mientras me alejaba, la miró por encima del hombro y ella pudo ver que tenía lágrimas en los ojos. Creo que ella se apiadó de mí y me dijo que había un guía en el antiguo convento quien tal vez sabía algo, pero que lo dudaba, porque realmente no había nada que descubrir. Me acerqué a ella y la abracé y le di las gracias mientras me daba vuelta para caminar hacia la salida. Ella pareció sorprendida y desconcertada por el abrazo. De pronto me preguntó: "¿Cómo era su apellido?" "Ramos", le dije. "Ramos Ramos era mi abuelo, y Diez Flores era mi abuela." "¿Es eso todo lo que sabe? ¿Cuál es su apellido? "-Preguntó de nuevo. "No, eso no es todo lo que sé. Tengo el árbol genealógico de la familia aquí". Y mientras comenzaba a sacarlo de la cartera le dije:" Tengo 800 personas en mi árbol. Se remonta a 1545. Tengo muchos, muchos nombres que puedo darle". Le di varios. Almendral, Mayor, Guerra, Castro y muchos otros que se repetían en el árbol. Empecé a enumerarlos pero ella no estaba interesada. "Mi familia ha estado aquí durante 500 años. Yo soy más *fermosellana* que cualquier persona de aquí", le dije. Ella se quedó perpleja. Yo estaba sola en la puerta de la iglesia con ella, ya que Michael y Abraham se habían dado por vencidos y estaban paseando por la plaza. "¿Tiene algún otro nombre, algún nombre especial que usaba su familia? ¿O un apodo, tal vez?". Los cielos se abrieron. Me acordé de una pequeña nota escrita en la parte superior de un documento donde mi abuelo había escrito: *"Nos decían los Bollicos"*. La última miga de pan que me había dejado. *"Nos decían los Bollicos"* le dije. Su rostro se iluminó, pero ella se quedó en silencio. Me miró profundamente a los ojos. A esta altura ya las lágrimas corrían como ríos por mi cara .Ella y yo estábamos solas en los escalones de la iglesia, rodeadas por una burbuja de silencio. "Dicen que *había una sinagoga"* dijo en voz baja. Yo ya no podía oírla. Yo no comprendía las palabras que salían de su boca. Había mucho ruido adentro de mi cabeza, y la luz parecía nublarse delante de mis ojos. Empecé a estremecerme y temblar visiblemente. "Hubo una sinagoga", repitió. "Yo conozco a quién vive allí". Por la calle, a mis espaldas, Abraham y Michael estaban hablando animadamente apoyados en una columna. Pensé que yo les había hecho gestos exagerados para que me vieran y viniesen, pero ninguno me vio. Más tarde, me dijeron que yo no estaba haciendo tal cosa. Cada vez que miraban hacia donde yo estaba me veían allí de pie frente a la mujer. Yo no podía respirar. El aire dejó de entrar y salir de mis pulmones. Entré en un estado total de pánico. Ella me miró y no se dio cuenta que sus palabras pasaban de largo. Yo no podía oírla. Tuve que aguantarme al marco de la puerta mientras mi cuerpo se mecía y temblaba. Volvió a repetir: "Había una sinagoga, y yo sé quién vive allí... El apellido del propietario es también Ramos, igual que yo, e igual que usted. La llamaré al albergue".y al decir eso se volvió y se dirigió a otro pequeño grupo de turistas españoles. "¡Espere! No sabe dónde nos estamos quedando". "Todo el mundo sabe" dijo ella. "No hay muchos extranjeros que vengan aquí. La llamaré" y con eso me despidió. ¿Quién era esta persona? ¿La guardiana de los secretos del pueblo? Estaba tan cerca y al mismo tiempo, tan lejos, me sentía frustrada y emocionada al mismo tiempo, pero no me atreví a insistirle. Decidí que no estaba lista para compartir la información con Abraham y Michael. Yo quería guardármela, aunque sólo fuera por 15 minutos, mientras intentaba digerirla. Seguimos caminando mientras yo trataba de recuperar la compostura.

Durante muchos años, había estado preocupada por el viaje a Fermoselle. Había un par de razones para esto: una era que tenía miedo de estar totalmente abrumada por la emoción, y la otra era algo inquietante, un sueño recurrente que más tarde se convirtió en un pensamiento consciente. En ese sueño yo estaba apoyada contra una pared, mirando hacia la derecha y hacia el final de una larga, larga, interminable calle de casas chicas y apretadas. Michael y Abraham sabían del sueño, y mientras paseaba por el pueblo, estaba buscando esa pared. Yo sabía de antemano que esta aventura, esta búsqueda, iba a estar colmada de emociones, pero francamente, yo estaba agotada, y este viaje parecía ser como una intensa montaña rusa más que cualquier otra cosa. Ahora estaba en busca de esa calle. Ellos volvieron a la plaza del pueblo y yo elegí caminar sin destino fijo. Recorrí las calles de arriba a abajo, y de repente, allí estaban: la pared y la calle. Mi calle, la de mi sueño. Poco a poco me acerqué a la pared y quedé fascinada. Rodee la pared con mi mirada y vi la calle que había estado en mis sueños por tanto tiempo: la que yo había imaginado tantas veces. Me quedé ahí parada mirando la calle y reconocí todos los detalles del lugar donde estaba. Me acordé de la bajada en el centro de la calle, e instintivamente supe que se iba a llenar de agua en un día lluvioso. Recuerdo haber visto una pelota que bajaba danzando por la calle para terminar en ese valle en el medio, donde la calle comienza a subir nuevamente, continuando su camino sinuoso. ¿Cómo sabía todo esto?

Hay muchas cosas que ahora se está escribiendo acerca de la memoria genética de los *B'nei Anusim*. En todo el mundo se están realizando estudios sobre nosotros y sobre este tipo de recuerdo. Esto también se conoce como memoria ancestral, una transferencia de conocimientos de una generación a la siguiente. ¿Podría ser? No lo sé. Todo lo que sé es que yo había visto esa calle muchas veces, y no en fotografías. Nunca había estado allí antes en mi vida. Pero sí en mi mente. Siempre en mis pensamientos. Yo estaba fascinada mientras seguía allí parada, sujetando la pared. Yo todavía estaba en esa posición cuando Abraham me encontró, y se fue corriendo a buscar a Michael. Yo había hablado de este momento tantas veces, yo sólo sé que Abraham tenía miedo de no ser capaz de manejar otro arrebato emocional mío.

Juntos, me tomaron muchas fotos, todavía parada en el mismo lugar, y caminamos por esa calle de arriba abajo, buscando pistas. Buscábamos cualquier cosa que nos llevara de vuelta a los orígenes judíos. Nada. Parecía ser sólo una calle como cualquier otra, pero para mí era una muy especial. Y luego nos fuimos.

Toda la historia que veíamos alrededor nuestro nos dejaba boquiabiertos por la antigüedad que tenía – bodegas enrejadas, puertas que parecían antiquísimas, caminos sin pavimentar, enormes rocas que usaban como tejado -pero no vimos nada que nos diera alguna pista de que la ciudad era judía o que por lo menos había tenido una historia judía. Nos encontramos con varios vecinos más viejos en el camino y preguntamos una y otra vez acerca de la historia judía. Nada. No hay judíos. Nunca hubo judíos. Uno o dos mencionaron al guía del convento de nuevo. Y hacia allá fuimos. La ciudad se puede cruzar caminando. De un extremo al otro, desde la entrada misma hasta la parte superior del castillo, el convento, las iglesias, a todos lugares se puede ir andando. Es realmente un pequeño pueblo.

Llegamos al convento, el que también sirve como una especie de base de operaciones para la reserva natural de la que Fermoselle forma parte. La guía principal, Julia, estaba ocupada y nos dijeron que no estaría disponible por varias horas. Ya era pasado el mediodía. Nos sentamos y esperamos. Y esperamos y esperamos. Estoy segura de que había mucho para ver en esa reserva natural, pero para ese entonces yo ya había compartido la historia de la sinagoga que había aparecido de repente, y ninguno de los tres podía concentrarse en otra cosa que no fuese esa.

Habíamos llegado a Fermoselle con una misión, y no podíamos apartarnos de nuestro objetivo.

Finalmente, ella se desocupó y nos hizo todo tipo de preguntas acerca de lo que queríamos saber. Ella era la persona más joven que habíamos visto hasta ese momento, y era una auténtica bola de energía. Parecía ser la prometedora nueva historiadora de la ciudad. Le preguntamos acerca de los Judíos. Ella nos dijo una vez más que muchas culturas habían pasado por el pueblo y que todas habían dejado algo. Si los judíos habían estado aquí, habrían dejado un rastro. (Yo estaba pensando en mi abuelo y sus migas de pan). Ella nos pidió que le mostráramos símbolos judíos para ver si ella los había visto alguna vez. Le mostramos fotografías de una estrella de David y de una *menorah o januquía*. Le mostré el *hamsa*, también llamada "la mano de Di-s", que siempre cuelga en una cadena alrededor de mi cuello así como algunos ejemplos de escritura hebrea. Ella escuchó atentamente, pero sacudió la cabeza negativamente ante cada uno. No había visto estos símbolos, pero usaría sus horas de almuerzo para mostrarnos lo que pensaba que podía llegar a interesarnos y nos fuimos con ella.

Julia se convirtió en una mujer con una misión. Solo tenía dos horas disponibles e intentaba complacernos. Era maravilloso caminar con ella porque conocía el pueblo por dentro y por fuera como la palma de su mano. Su cuerpo era pequeño y compacto y, D-s mío- podía correr. Arriba y abajo por las calles, subiendo y bajando escaleras y colinas fuimos siguiéndola. Se detuvo ante cada símbolo inusual que encontraba, por las dudas. Debido a que muchas civilizaciones habían estado allí, no estaba segura de qué símbolo pertenecía a cuál de ellas, así que se quería asegurar de que hubiéramos visto todos. Mientras caminábamos, nosotros soplábamos y resoplábamos. A 2.300 metros sobre el nivel del mar, más o menos a la misma altura de Jerusalén, los escalones y escaleras de piedra y las subidas y bajadas nos impedían caminar y hablar al mismo tiempo. Aun así, ella nos siguió contando las historias de la ciudad. ¡Ella era una bendición! Le hablé de las puertas de la iglesia y de cómo no habíamos encontrado nada. Inmediatamente volvió con gracia, y continuamos nuestra caminata hacia arriba, hasta la Iglesia de Santa Colomba, que se encuentra en otra sección de Fermoselle. La historia cuenta que los dos barrios nunca se mezclaban. Si una persona vivía en Santa Colomba, se quedaba allí, ya que tenían su propia iglesia y su propia plaza, y sólo bajaban a la parte principal de Fermoselle para comprar frutas y verduras frescas. Nos arremolinamos alrededor de las dos puertas de la iglesia. Una vez más, los arcos románicos y ningún símbolo judío. En ese momento nos llevó junto a una de las paredes de la iglesia. Se refirió a un espacio vacío en la vieja pared. Ella nos dijo que a ciertas horas del día se podían ver cosas dentro de lo que parecía ser un círculo muy, muy desgastado. Nos miramos entre nosotros, miramos la pared, sacamos fotos pero no vimos nada.

Le dijimos que estábamos buscando baños: baños públicos con escalones y agua, y le preguntamos si había visto alguna vez algo similar. Una vez más, ella se puso en marcha hacia dos pozos que podían ser de interés para nosotros. Señalo un gran arco emplazado donde comenzaban las casas estrechas y nos dijo que algunas leyendas contaban que podía ser esa la entrada de la Judería. Con indiferencia, dejó caer esta joya como si no hubiéramos estado preguntándoselo por horas ya. Dentro del área de arco, se detuvo en lo que se conocía en el pueblo como un baño árabe antiguo. Abrió una puerta vieja chirriante, y nos inclinamos para ver lo que resultaron ser grandes bancos de piedra cubiertos de agua cristalina. Había escaleras que conducen a los bancos, pero de alguna manera, que parecía ser una *mikve*, con los asientos de piedra bajo el agua y el revestimiento de las paredes. Ella nos dijo que había otro más pequeño, pero que se trataba de un pozo, y no de un baño, y nos pusimos en marcha a buen ritmo para verlo. En una calle dentro de lo que ahora sabíamos que podía ser el antiguo barrio judío, y marcado en su lugar por una alta cruz de piedra había escalones tallados en piedra y, al final de estos- y prácticamente debajo de la calle- había una puerta enrejada. Era de madera, con metal oxidado y parecía estar soldada fijamente en su lugar. Cuando Michael y Julia abrieron la puerta, quedamos sorprendidos por el olor a humedad del aire que venía hacia nosotros. Bajamos el resto de los escalones y cuando nuestros ojos se acostumbraron a la oscuridad, pudimos ver que había siete escalones que conducían a una pequeña piscina de baño. El agua cristalina cubría los escalones. Cada muesca y marca de viruela de las antiguas escaleras de piedra gris se veían nítidamente. Nada podía quedar oculto bajo el agua, que parecía limpia, clara y brillante. Di un grito ahogado, Abraham se quedó sin aliento, y mi marido, muy pragmático, dijo: "Podría ser, podría ser...".

Miramos cada centímetro cuadrado de la parte exterior. Nos paramos en los escalones superiores y nos hicimos fotos y más fotos y finalmente admitimos que un experto tendría que ayudarnos a determinar si se trataba de una *mikve* medieval o no. (Definitivamente parecía serlo) Parecía una. Tendríamos que volver con gente experta, y nuestro entusiasmo, gracias a este primer hallazgo, comenzaba a agrandarse. Le preguntamos acerca de la sinagoga, que nos dijeron que había existido, y ella negó con la cabeza lentamente. "Tal vez," dijo, "pero no hay nada allí". Y nos puso a correr de nuevo. Mientras tanto, ella paraba para mostrarnos otros símbolos que eran claramente celta o visigodos, pero no encontramos nada más que consideráramos de interés. Necesitaba volver corriendo a trabajar, pero nos habló de un lugar en las afueras de la ciudad que se llamaba "El Humilladero" .Cuenta la leyenda que este Humilladero era un sitio donde se mataba a los animales, y en la actualidad hay una estatua de la Guerra Civil española allí, así como también el recinto de piedra original. Lo curioso, nos dijo, es que la leyenda también dice que cada año en un día específico, la gente llegaba a pie desde la localidad de Mogadouro, Portugal, por millas y millas, para dejar una piedra en ese lugar. Se nos congeló la sangre. Ella nos dejó, y nosotros rápidamente nos lanzamos a ver el lugar con nuestros propios ojos.

Cuando llegamos a "El Humilladero", yo fui la primera en salir del carro. Pasé por una pequeña puerta y me quedé parada en el medio de una zona de césped de unos 25 por 25 pies. Me quede fría. En mis brazos sentía que se me erizaba la piel, y sin previo aviso, me encontré allí agitada y llorando. La sensación de dolor era insoportable. Michael y Abraham llegaron corriendo. Se quedaron junto a mí e inexplicablemente, todos estábamos llorando. Nos apartamos rápidamente de la zona de césped, sacamos nuestros *sidurim* y dijimos *Kaddish*, la oración por los muertos. No se trataba de masacre animal. Las piedras pequeñas fueron colocadas por los portugueses en memoria de los que han fallecido, como es la costumbre judía. En ese lugar habían humillado a judíos, los habían matado y tal vez incluso los habían quemado. Nadie nos lo dijo. No hacía falta que alguien nos lo dijera. No había quedado registrado en ninguna parte. Pero nosotros tres sentimos lo sentimos. Simplemente lo sabíamos. También sabíamos con certeza que esta era la primera vez en 500 años que alguien había dicho *Kaddish* por estas almas – por estos mártires de nuestra fe. Nos sentimos como si estuviéramos en carne viva y no podíamos hablar. Estábamos agotados. A veces habíamos esperado muchas cosas de este viaje, y otras veces no habíamos esperado nada, pero sin embargo, en algún lugar yo sabía que esto iba a pasar, y ahora sabía por qué había estado evitando llegar a Fermoselle. Las emociones eran demasiado fuertes, y se apoderaban de mí como un oleaje violento hasta que sentía que estaba toda cubierta por ellos y no podía respirar. Yo era como una herida abierta. Estaba enfrentándome a mi pasado y a mis antepasados. No tenía forma de escaparme. Yo había empezado, y tenía la intención de terminar. Gracias a Di-s, yo no estaba sola.

Esa noche también se me hizo muy difícil. Yo había programado reunirme en el albergue con parientes cercanos que ahora viven en el norte de España, pero cuyo origen era el mismo que el mío. Estos primos son muy activos en la Iglesia, marchan en procesiones de Semana Santa y son orgullosos católicos. No tenía ninguna intención de hablar sobre mi viaje, ya que mis conclusiones afectarían también su identidad en cuanto a su ascendencia, y yo no estaba lista para compartir esta información. Por lo tanto, había decidido sentarme a disfrutar de su compañía y no decirles nada. No tenía derecho a cambiar ni hablar sobre aquello que ellos creían. La noche resultó al final muy diferente. La familia llegó. Dos hermanos y una hermana, mis primos segundos y sus esposos. Hablamos y charlamos y nos pusimos al día con las historias, y luego, en un momento en que estaba a solas con mis primos, me dijeron que mi hermana les había dicho que ahora yo era judía y que había estado involucrada en la búsqueda de nuestras raíces. Me empezaron a retar. ¿Por qué no nos lo dijiste? ¿Por qué escondes esto? Si tenemos raíces judías, también, ¿no crees que nos gustaría saberlo? Me dijeron que estaban entristecidos por el hecho de que yo no confiara en ellos lo suficiente como para contarles de que yo ya era judía y que estaba en esa búsqueda. "Somos una familia", dijeron. "Nosotros y nuestros hijos son el futuro". Me dijeron que nuestros padres probablemente no entenderían lo que estaba haciendo, pero que ellos provenían de una era diferente en España y que apoyaban el trabajo que había hecho rastreando los orígenes de la familia. Todo el mundo volvió a la mesa, y hablamos animadamente sobre lo que habíamos encontrado y lo que habíamos esperado encontrar.

Les conté el problema que tuve con la puerta de la iglesia y el dicho en Internet acerca de los símbolos judíos en las cuatro esquinas. Una de mis primas me dijo que sabía exactamente dónde quedaba esa iglesia que estábamos buscando. "No es una iglesia", dijo. "Se trata de una capilla, y está a unos 5 kilómetros de la ciudad. Hay muchos símbolos en las paredes, pero sobre todo", ella dijo," hay símbolos en las cuatro paredes de la pequeña capilla de piedra. "No podía creer lo que oía. Nada es casualidad. Estaba emocionada, y me maravillé ante el hecho de que esta información provenía de donde yo había pensado que era el lugar menos probable en dar frutos. Pasamos horas y horas sentados juntos afuera en la terraza, compartiendo cosas y hablando. Cerca de la medianoche, el dueño del hostal salió corriendo del albergue con un teléfono en la mano. Nos dijo que la dueña de la casa que solía ser una sinagoga había accedido a recibirnos al día siguiente. Estábamos eufóricos. Las cosas estaban cayendo en su lugar. Nos despedimos de mis primos con lágrimas, con la promesa de mantener las líneas de comunicación abiertas y siempre contarnos la verdad. Estaba más que agradecida de que habían sido capaces de mirar dentro de mi alma, y que lo que vieron los había complacido.

Nuestro último día en Fermoselle prometía ser muy agitado, y luego de despertarnos, hicimos nuestras maletas, y en broma decíamos adiós a mis "familiares" que se estaban quedando atrás en la habitación. Comenzamos el día con optimismo, con la esperanza de llevar a cabo un programa muy lleno de cosas. Como veníamos de los Estados Unidos estábamos acostumbrados a estar siempre corriendo de prisa, y ciertamente nos movíamos a un ritmo muy rápido.

Nuestra primera parada fue a la casa que tenía tradición oral de ser una antigua sinagoga. Habíamos caminado a través de una gran cantidad de calles confusas para llegar hasta allí, y yo ni siquiera estaba segura de dónde estaba en ese momento, salvo que instintivamente sabía que estaba en el medio de la "Judería". La dueña nos dejó pasar mientras nos contaba que ella había estado viviendo allí durante 40 años y que los otros dijeron que era una sinagoga, pero que sin embargo, ella no sabía nada sobre eso pero si tenia conocimiento que el arco que se encuentra fuera de su casa, hacia la calle, era el original de la sinagoga del pueblo y que ella lo había dejado intacto. Ella había remodelado la propiedad e incluso había comprado la casa de al lado para hacer un garaje, pero ella no sabía nada. Nos habían dicho que ella tenía los planos originales, de cómo estaba todo antes de la construcción, pero negaba tenerlos, así que continuamos preguntando con sutileza, yendo con ella por la casa. La primera habitación que nos mostró era el garaje. Pudimos ver una pequeña escalera de caracol, y le pedimos que nos dejara bajar aún más, pero ella se negó diciendo que no había nada allí.

Nosotros no insistimos, y la seguimos en silencio, detrás de ella, mientras ella nos mostraba la segunda y la tercera planta. Básicamente, era una casa sin rincones especiales que indicaran que había tenido un pasado. Lentamente caminamos a través de la casa y rociamos la conversación aquí y allá con alguna pregunta acerca de la sinagoga, las que siempre se encontraban con una respuesta negativa. Nos dimos cuenta de que quería hablar, así que hicimos muchas preguntas y miramos por las ventanas del segundo piso donde vimos el panorama más increíble de mi vida, donde se podía ver literalmente hasta Portugal, y en nuestros puros pies teníamos un paisaje increíble. De pie en las amplias ventanas que estaban precariamente encaramados sobre las colinas, llegue nuevamente a la conclusión de que cuando uno finalmente llega Fermoselle, seguir para adelante, hacia Portugal parece ser la única opción.

Finalmente, ella empezó a abrirse con nosotros y nos mostró su antigua estufa de leña, que era original de la casa, y nos contó que ella vivía sola y que los inviernos son muy duros y que todos, excepto los ancianos, se habían ido del pueblo. Mientras caminábamos lentamente por las escaleras de, lo que resultó ser, una gran casa, nos acercamos al garaje de nuevo, y me aventuré y pedí si podíamos verlo sólo una vez más. Dimos una vuelta, y mis ojos se sintieron atraídos por el punto donde la escalera lo llevaría a uno, más abajo. "Por favor", le pedí, "¿Es posible mirar lo que hay abajo solo por unos segundos?" Ella se encogió de hombros, nos dijo que no había nada que ver, pero esta vez abrió el pestillo, accionó un interruptor y comenzó a abrirse camino hasta un sótano subterráneo. Cuando llegamos al final de la escalera, la boca se nos abrió de la sorpresa. El sótano era de unos 10 pies por 6 pies y estaba hecho de las piedras originales que habían sido puestas en su lugar sin cemento, como se hacía en tiempos antiguos. No teníamos forma de saber de cuándo era, pero hacía frío, estaba húmeda y parecía tener al menos varios cientos de años. Vimos el bombillo de luz que estaba suspendido de piedras en el techo, y cuando nuestros ojos se acostumbraron, también vimos que se estaba utilizando este cuarto como una bodega. Varios jamones colgaban del techo y las botellas de vino estaban amontonadas por todas partes. De repente, en el mismísimo centro de la pared del fondo, todos parecimos ver la misma cosa al mismo tiempo. Era una piedra de granito, tallada en la pared, que tenía un pico redondeado que sobresalía. Había un agujero excavado en la pared detrás de ella, y el pico de piedra estaba bien desgastado. Como le prestamos atención, ella nos dijo que había otro en el exterior, pero nunca llegamos a verlo, Sacamos docenas de fotografías en esa habitación y comprendimos totalmente que esto debía haber sido la *mikve*. De hecho, supusimos que lo que habíamos visto era la *mikve* subterránea, que el garaje había sido la sinagoga y que más arriba, en la segunda y tercera planta era donde vivía el rabino.

Mientras caminábamos para la puerta y nos despedíamos con los mejores deseos, señaló el arco en la entrada de su casa que estaba sobre su puerta y admitió con orgullo que ese era el arco de piedra original que estaba en la entrada de la sinagoga original. Todavía nos quedaba mucho por hacer pero caminamos lentamente, porque era difícil asimilar todo lo que habíamos visto. De repente, me di cuenta de que estábamos en mi calle. La calle de mi sueño. Al volver la cabeza hacia la derecha, podía ver la pared por la que me había asomado el día anterior. Ahora me di cuenta de que el arco de piedra curvo de la sinagoga estaba justo por encima del punto donde la calle empezaba a subir. Era increíble que la antigua sinagoga se encontrara en la misma calle con la que yo había soñado durante tantos años. Increíble. Sentí en ese mismo instante que mi círculo se estaba cerrando, y que me había cogido el anillo de bronce que había sido lanzada al aire en 1492 en ese mismo lugar. El significado era abrumador. Estaría regresando a Miami con todos los pedacitos del rompecabezas en una cesta y tendría que nuevamente sentarme a tratar de armarlo.

Nuestra siguiente parada fue el cementerio, y aunque nos habían dicho que las tumbas más antiguas que estaban allí eran de principios de 1900, yo igual insistí con hacer una parada. Al parecer, en 1955, mi abuelo había llegado a Fermoselle desde Cuba y había pedido que mudaran a varios familiares que estaban en tumbas antiguas y los pusieran a todos juntos en una gran tumba de mármol blanco. Nunca había entendido la lógica detrás de esto, y, al mismo tiempo siempre me había fascinado, así que quería ver por mí misma si había alguna pista para entender la importancia de lo que había hecho. Paseamos por el cementerio y tomamos muchas fotos, pero no encontramos nada que hablara de un pasado judío. Las tumbas eran todas bastante nuevas, y aunque le pregunté al cuidador y a otros, nadie sabía nada acerca de un cementerio viejo, y me aseguraron que ese era el único que había. Decidí dejar esta parte sin resolver hasta un futuro viaje.

En nuestro camino hacia afuera de la ciudad, visitamos la capilla de la que mis primos nos habían hablado. Estaba situada en un lugar aislado en las afueras de la aldea, en el medio de la nada. Era un edificio pequeño, hecho de piedras de gran tamaño, con una gran campana en la parte superior y dos grandes adornos de hierro a cada lado. La capilla se encuentra en un campo de árboles de bellota con vistas a los acantilados que caían en pico hasta al río Duero. Aunque el entorno parecía apacible, no pude evitar preguntarme si mis antepasados habían sentido algún tipo de agitación interna en ese lugar, ya que era probablemente un lugar ideal para bajar por los acantilados y de alguna manera cruzar el río para llegar a Portugal. Me sentí incómoda todo el tiempo que estuve allí y sentí que mi piel hormiguea y que me agarraba una sensación de frío. El área no tenía un aura pacífica.

A medida que empezamos a caminar alrededor de la capilla, descubrimos que en cada uno de los cuatro lados del edificio aparecía una piedra más grande que el resto incrustada en la pared. Cada piedra incrustada tenía diferentes símbolos. Una de ellas tenía lo que parecía ser antigua escritura hebrea, otra tenía una cruz con escalones, y otra, más cerca de la puerta de entrada tenía una cruz con ramas que lucían exactamente igual que el logo de la Inquisición portuguesa. Una vez más, tomamos muchas fotos, pero tuvimos poco tiempo para estudiar realmente lo que habíamos visto. Cuando empezamos a irnos, los tres nos quedamos pegados a la pequeña cerca de madera blanca y desvencijada que nos separaba de los precipicios del río y nos preguntamos cómo se habrían sentido los conversos al ver otra tierra, una esperanza para el futuro, algo tan cercano y sin embargo tan lejano al mismo tiempo. ¿Acaso muchos de ellos murieron al bajar por los acantilados en un intento de llegar al otro lado? ¿Podrían imaginar siquiera que el anillo de bronce que estaban tirando en el aire a través de sus sueños y esperanzas se levantaría de la tierra para relucir y brillar para que yo lo atrapara 500 años más tarde? Me siento muy honrada y orgullosa de haber sido elegida para asumir esta tarea. Ha sido una experiencia desgarradora ardua, emocionante y una tortura para el corazón, y sin embargo, al mismo tiempo, es muy satisfactorio el haber llegado a este lugar

Capítulo

Catorce

*Y*O tomé muchas fotos en ese viaje. Llené mi cámara y un teléfono con imágenes de la supuesta *mikve*, las piedras, y de todas las cruces tan simbólicas y diferentes. Tenía fotos de la sinagoga y de todo lo demás que habíamos visitado y, por último, en un estado físico y emocional de total agotamiento, empezamos nuestro camino de regreso a casa.

No perdí tiempo en enviar las fotos a diversos arqueólogos en muchas partes del mundo y a los historiadores en los Estados Unidos, España e Israel. Yo estaba por demás entusiasmada y tenía muchas fotografías, sin embargo, uno a uno, los correos electrónicos empezaron a llegar con respuestas negativas. Algunos decían que les era imposible decidir solamente basándose en las imágenes, otros historiadores decían que las marcas de los cripto judíos eran demasiado específicas de su propio sitio, lo que significa que de ciudad en ciudad en España, no había una manera uniforme de comunicación. Me decían que cada pueblo contaba con esculturas de piedra y marcas de cantero muy diferentes y específicas. Otros me dijeron que las fotos de los baños que había encontrado eran muy similares a las *mikves* medievales que habían sido encontradas en otras partes de España e Israel, sin embargo, nadie me podía dar ninguna prueba concluyente. Hubo un arqueólogo de Israel que me ha dicho uno debía mirar las marcas a las 2:00 de la tarde, ya que se sabe que en muchos de estos pueblos los grabados fueron hechas de tal manera que los mensajes o los verdaderos símbolos ocultos sólo se podían ver cuando el sol estaba iluminando la piedra desde cierto ángulo a las 2:00 PM. De esta manera, los marranos podían comunicarse entre sí a través de sus grabados rupestres, y nadie lo sabría. Ingenioso. Sin embargo, esto significaba que tendría que regresar y verlo por mí misma. Yo no estaba dispuesta a hacerlo tan pronto. Había encontrado algunos pequeños indicios de una vida judía pasada y la posibilidad de que pusiera existir más. Sin embargo, aparte de fuertes sentimientos que habían sido evocados en mí, el viaje no había dado otros frutos, un resultado tangible. Había dejado todas mis fuerzas en el viaje en sí mismo, y decidí dejar a un lado el pueblo y empezar a mirar los archivos de nuevo.

Yo había pensado inicialmente que las respuestas no estaban en los archivos sino directamente en el pueblo. Pero después de haber pasado unos días allí y al solamente haber encontrado una información más bien escasa y críptica, decidí que lo mejor era retornar a los archivos. Yo sabía que la familia era judía, pero yo no había sido capaz de demostrarlo porque los secretos del pasado seguían encerrados a cal y canto en Fermoselle.

Poco después de nuestro viaje, finalmente llegué a

la conclusión de que estas búsquedas están aún en terreno desconocido. Yo siempre había pensado que habría un gran número de historiadores que podrían ayudar con la investigación. Sin embargo, cuando llegó el tiempo de la acción, no resultó así. Llegué a la conclusión de que yo era algo así como una pionera en esto y que tendría que formular hipótesis bien documentadas de los montones de materiales de referencia que estaban esparcidos por todo el estudio, así también como el que provenía de mi propia investigación de campo. Y después tendrían los profesionales que comprobar mis resultados, de la misma manera que ya lo había hecho con el trabajo genealógico de mi árbol.

Para llegar a Fermoselle, hay que recorrer el camino por una hora y media más o menos, hacia el oeste yendo a Portugal, saliendo desde la ciudad cercana más grande, Zamora, que queda al norte o saliendo desde Salamanca en el sur. Uno viaja fuera de estas grandes ciudades ya través de tierra desolada que no tiene construcciones ni población. Cuanto más cerca se llega de Fermoselle, más uno siente que está dejando detrás a España y que de hecho uno estuviera entrando en un país o una tierra diferente. Ahora que había visto físicamente la ubicación y el diseño de la tierra, tuve la clara sensación de que las respuestas no estaban en España. Las respuestas debían estar en Portugal. Combinando esa sensación con la información contenida en los libros de historia, que dicen que los judíos en el año 1500 habían estado yendo y viniendo entre España y Portugal, decidí investigar los archivos portugueses.

En Portugal, hay mucha información que los

museos históricos han sacado en Internet. El Archivo Nacional de Torre do Tombo cuenta con documentos que datan del siglo IX, y también tienen documentación de la Inquisición sobre cada persona condenada o procesada en los tribunales de la Inquisición de Lisboa, Oporto, Coimbra y Evora, en Portugal. Estos documentos, que son muy largos por lo general, incluyen la genealogía completa de la persona que fue juzgada.

Con mucho temor, empecé a escribir en las páginas de búsqueda el nombre más lejano de mi árbol y luego otro, y así, uno tras otro empezaron a aparecer en páginas de documentación de la Inquisición. Algunos habían sido juzgados como "judaizantes", otros habían sido encarcelados de por vida y, por desgracia, muchos otros habían sido realmente quemados en la hoguera. Finalmente tuve la prueba que necesitaba. Tuve la oportunidad de probar mi hipótesis original, que decía que parte de la familia había emigrado a Portugal y luego de vuelta a España. Fue un momento increíble. Sentí que había llegado a la cumbre.

Llego el momento para corroborar todo mi trabajo y poder entregarle a los Rabinos en Israel un reporte completo y validado. Inmediatamente me comuniqué con el Dr. Stanley Hordes, quien había sido el historiador del estado de Nuevo México, así como profesor de investigación en el Instituto Latinoamericano e Ibérico de la Universidad de Nuevo México.

Le comente sobre mi trabajo y quede en volar a verlo con toda mi documentación. Me senté con él durante horas, explicándole mi investigación y revisándola juntos detenidamente. Varios meses más tarde, después de que él había revisado minuciosamente todo lo que le había dejado, la que incluía la información de los nacimiento, las muerte y las referencias notariales, así como la documentación de la Inquisición misma, el profesor declaró lo siguiente:

"En vista de lo anterior, y del hecho de que la endogamia se practicó en gran medida entre las familias cripto-judías en pueblos pequeños como Fermoselle, en particular entre los antepasados en la línea materna ininterrumpida de la Sra. Milgrom, puedo concluir que es casi seguro que los antepasados maternos de la Sra. Milgrom eran cripto-judíos que vivieron a lo largo de la frontera española-portuguesa a finales del siglo XVI y principios del XVII, descendientes de judíos ibéricos que habían sido obligados a convertirse del judaísmo al catolicismo en el siglo XV".

Este fue un momento de gran logro y el reconocimiento de alguien tan respetado como el Dr. Hordes. Las cosas estaban finalmente cayendo en su lugar.

Casi el mismo tiempo, el Dr. Hordes me puso en contacto con el Dr. Roger Martínez, de la Universidad de Colorado, quien había estado investigando los apellidos de la misma zona y se había especializado en la familia de Luis de Carvajal. Dr. Hordes sintió que tal vez podríamos combinar algunas de nuestras investigaciones y que esto sería beneficioso para comparar notas. ¡Dio justo en el blanco!

Aprendí de Roger sobre Luis de Carvajal, el primer gobernador del Nuevo Reino de León, en lo que es hoy México. Su familia era de Fermoselle y también eran de la cercana localidad de Mogadouro, en Portugal, y de la ciudad de Benavente en España. Le envié mi trabajo, y él me envió el suya, y me aseguró que los árboles genealógicos eran muy similares. ¡Yo estaba más que asombrada! Casi al mismo tiempo en el que Stanley Hordes verificaba mi trabajo, me decían que yo también era parte de la famosa familia de Luis de Carvajal.

Luis de Carvajal, junto con muchas otras personas de su familia, incluyendo a su hermana y varias sobrinas y sobrinos fueron juzgados, o condenados, y murieron en las cárceles de la Inquisición en México. Francisca, su hermana, fue quemada en la hoguera. He podido comprobar, con la información que tengo hasta la fecha, que su abuela Francisca fue hermana de Beatriz de Carvajal, mi 14º bisabuela. La vida es extraña. ¡Esta información sólo apareció después de que yo ya había hecho todo el otro trabajo por mí misma!

Esta conclusión académica a mi viaje espiritual era poco menos que increíble. Yo había crecido con un fuerte sentido de que no encajaba, no pertenecía, y luego sentí la conexión judía en mi alma y me convertí al judaísmo. Y luego viví como una conversa, al tiempo que formaba parte integral del pueblo judío y sólo después descubrí que había sido judía todo el tiempo, desde el principio. Había dado un giro completo. Había sido un esfuerzo hercúleo, con muchas personas involucradas en ambos lados del Atlántico para demostrar que la familia había sido una familia de judíos conversos, sin embargo, estaba preocupada por el hecho de que el pueblo de

Fermoselle, donde mi familia había vivido, generación tras generación, desde hacía más de 500 años y de donde habían venido todas las montañas de documentación genealógica que había amasado, tenía un pasado aún oculto e indocumentado.

Capítulo
Quince

*P*ara ese entonces ya sabía sin duda alguna que nadie más en mi familia estaría buscando este pasado judío y que todo dependía de mí. Había terminado la búsqueda de mi familia y me zambullí en todo lo que se había escrito sobre Fermoselle y la historia judía de su pasado. No había mucho. Finalmente fui capaz de localizar algunas fuentes confiables que documentaban su pasado judío.

- En 1491, se citó como un asentamiento judío, según los datos encontrados en el A.G.S., RGS fol .54 del 10 de marzo. Esto fue documentado con más detalle en el libro *Fermoselle* escrito por Manuel Rivera Lozano quien ha dedicado su vida al estudio de Fermoselle y en la actualidad vive en Zamora. Me contacté con él, y él me envió, escrito a mano, la totalidad de lo que tenía sobre el tema.
- La otra referencia es un artículo escrito por un reconocido profesor de la Universidad de Salamanca titulado "Sinagogas e impuestos fiscales de dos comunidades Zamoranas: Fermoselle y Fuentesaúco", escrito por el Prof.

Carrete-Parrondo, profesor de Filología y profesor de Lengua y Literatura Hebrea en la Universidad de Salamanca. Mantuve correspondencia con el Prof. Parrondo y me enteré de que había sido estudiante de Francisco Cantera Burgos, el famoso historiador español que recibió reconocimiento mundial por sus estudios sobre la cultura judía en España. Me dijo que el pasado judío de Fermoselle requería mayor estudio, y él estaría contento si yo quisiera ocuparme del tema. El me mandó toda la información que había podido encontrar. En el artículo mencionado anteriormente, él indica que no hay información públicamente disponible sobre las sinagogas en Fermoselle, pero sí entra en detalles al hablar sobre la cantidad de dinero pagado a la Corona en concepto de impuestos, por la judería o la aljama de Fermoselle. Esto consta en maravedíes, que era la moneda usada en ese momento. En su artículo aparecen las cifras pagadas en 1464, 1472, 1479, 1485, 1489 y 1491. Esto demuestra que en el 1464 había una población judía que pagaba impuestos especiales a los Reyes Católicos, y que la recolección de tales impuestos se detuvo después de la expulsión en 1492. El artículo también muestra que la cantidad de dinero pagada en el año 1489 era una cantidad astronómica en comparación con otros años, aunque no se da ninguna explicación para este hecho. También indica que la mayor parte de las cifras aparecen así mismo documentadas en el libro *Las Juderías de Castilla* por M. A Ladero Quesada.

- Otra referencia que documenta la existencia de judíos en Fermoselle se encuentra en la forma de una carta, fechada el 30 de mayo de 1486, la cual se refiere a un caso judicial que involucraba una disputa marital donde se adeudaba una dote. El rey Fernando y la reina Isabel dictaminaron que la hija de Salomón Berroy y Orabuena de Fermoselle debía ir a vivir con su marido, Raby (Rabí) Mose Marcos AGS, RGS fol. 203. Esto también se documenta en el libro *Fermoselle*, escrito por Manuel Rivera Lozano.

- El último dato es una carta de los Reyes Católicos del 28 de febrero 1495, en la que se le ordenó al alcalde de Fermoselle a dar a Juan Sandino, su sotamontero, la sinagoga y las casas que los judíos habían tenido que abandonar en Fermoselle y que estaban en manos de otras personas. Se le ordenó al Alcalde que se hiciera cargo de estas propiedades, sin importar quién las tuviera en ese momento, y que se le dieran, los inmuebles mismos, así también como lo que quedaba dentro, a Juan Sandino. Esta carta se encuentra en su totalidad en el Archivo: Archivo General de Simancas. Signatura: RGS, LEG, 149502,11 titulado: *"Merced al sotamontero Juan de Sandino de la sinagoga y casas de la aljama de los judíos de Fermoselle"*.

En busca del pasado judío de la aldea, Michael y yo

partimos hacia Fermoselle por segunda vez, acompañados por dos historiadores de renombre de la Asociación Tarbut Sefarad: José Manuel Laureiro, presidente y Anun Barriuso, Vicepresidente.

Habíamos leído mucho sobre su trabajo y la forma en la que habían estado desenterrando sistemáticamente el pasado judío de otros pequeños pueblos de España y Portugal. Dado que ellos mismos son *B'nei Anusim*, el proyecto les llegaba al alma.

Nos juntamos en Fermoselle en una tranquila mañana de domingo. Estaban Anun, José Manuel y Julia Sendín , nuestra guía. ¡Estábamos como un huracán sueltoi Fuimos de un lugar a otro, y ellos fotografiaron todo, asintiendo con la cabeza a veces, descartando otros hallazgos luego, y descubriendo entusiasmados cosas nuevas que yo no había visto. También entrevistaron a todas las personas que vimos en la calle. Los llevé a ver la antigua casa que, según la tradición oral, había sido la sinagoga: Tomaron fotos y estuvieron de acuerdo que la boquilla y el sótano seguramente habrían sido parte de la *mikve* en la época medieval. Sin embargo, ellos estaban convencidos de que tenía que haber más sinagogas, o por lo menos, alguna otra.

Paseando por el pueblo nos encontramos con un hombre mayor que había sido el alcalde unos 40 años atrás, y Julia le preguntó si sabía algo de la existencia de otra sinagoga. Me miró directamente a los ojos y me preguntó cuál era mi apellido. Esta vez, yo estaba más que preparada. "Nos decían los Bollicos" le dije, y con ello pasó su brazo alrededor de mis hombros y lentamente caminó conmigo mientras luchaba por subir una colina, cojeando sobre su bastón. Llegó a una puerta y llamó, mientras decía: "Abre el sótano, la familia de Tio Bollico está aquí".

De repente, se abrió una pequeña puerta subterránea y vimos una escalera que conducía a un espacio oscuro. Bajé primero, y todos los demás me siguieron. Me encontré de pie en medio de un espacio oscuro, solamente iluminado por los flashes de las cámaras que se encontraban a mi alrededor. Pude distinguir la forma de una apertura en la pared que parecía un pequeño *Aron Kodesh* con un estante, y me quedé congelada en mi lugar. Aunque todo el mundo a mi alrededor tomaba fotos y conversaba animadamente de lo que habíamos encontrado, lo único que yo podía hacer era llorar. Estaba clavada en ese lugar. No podía creer que mi familia y otros judíos de la aldea hubieran sido reducidos a esto, a arrastrarse a través de una pequeña puerta para poder rezar en la oscuridad. Se habían visto obligados a vivir y a orar clandestinamente. Incluso durante el tiempo en que fueron cripto-judíos... ¿quién sabe por cuánto tiempo habrían sido humillados? Y sin embargo, habían mantenido este lugar de oración.

Salí corriendo a buscar al alcalde. Quería saber cómo conocía el nombre Bollico y cual era su significado. Se había ido. Nadie sabía hacia dónde. Y hasta el día de hoy no he podido localizarlo.

Continuamos por la ciudad y al final nos llevaron a ver una pequeña parte del sistema de túneles que mencioné anteriormente. Bajamos por unas escaleras de caracol que existía debajo uno de los restaurantes, y vimos que cada casa estaba conectada con las además a través de una serie de túneles que habían sido tallados directamente en la piedra.

Fuimos tan lejos como nos fue posible, pero no pudimos continuar porque los portales subterráneos, abovedados y tallados, estaban en su mayoría sellados. Sentí lo que mis ancestros deben haber sentido. Me sentía como una cucaracha teniendo que abrirme paso subterráneo en un lugar frío y húmedo. Me sentí muy triste, pero supe en ese momento en que estaba de pie bajo la tierra que mi historia tenía que ser contada para que otros descendientes de los *B'nei Anusim* se sintieran orgullosos de presentarse y reclamar su religión ancestral. Esto es lo que me motiva aún hoy.

Capítulo
Dieciséis

Mis resultados hasta la fecha, de una familia de judíos conversos, se ha convertido en un tapiz de rica complejidad. He investigado la historia de cada uno de los nombres en mi árbol y encontré que todos ellos eran usados por los conversos.. La mayoría de los nombres son nombres típicos que se les dio a los judíos que fueron forzados a convertirse: apellidos toponímicos, como Ramos, Montaña o Flores. También hay otros como Diez, Guerra, Castro y Serrano, que eran nombres típicos de conversos. Hay muchos otros que he enumerado en la tabla al final de este libro.

Todavía estoy trabajando en el proceso de documentación de la historia judía de la pequeña localidad de Fermoselle. Me gustaría dejar las cosas claras. Quiero ser la voz que mis antepasados nunca tuvieron. Lo que más me importa es que otras personas que desean encontrar sus raíces judías sepan que esta búsqueda es posible. Teniendo en cuenta los recursos disponibles en España y Portugal, hoy en día, esto puede ser llevado a cabo sin duda. Los reyes españoles querían asegurarse de que por toda la eternidad las generaciones supieran que habían sido judíos. Fue esta misma paranoia la que me permitió encontrar registros notariales de hace quinientos años atrás que guardaron información sobre mi familia. Por esto, y por nada más, les doy las gracias.

Hoy en día, yo vivo una vida plena y satisfactoria junto a mi esposo en Miami. Participo activamente en mi sinagoga, y soy miembro de varias juntas directivas de organizaciones comunitarias. Ahora enciendo dos velas más en la noche del viernes que dedico a mis 15 abuelas: una para aquellas que no pudieron encenderlas y otra para los que se habían olvidado de que tenían que hacerlo. Mi familia judía es bastante numerosa, compuesta no sólo por cientos de nombres en un árbol genealógico, sino por un grupo muy cercano y muy unido de amigos que se han convertido en mi familia judía. Siempre estaré agradecida por todo su apoyo en mi búsqueda. Me siento verdaderamente bendecida. He vuelto a casa.

En el mismo momento que este libro va a la imprenta, yo me dirijo nuevamente Fermoselle para organizar un programa cultural sobre los judíos perdidos de España y de Fermoselle. El actual alcalde me ha dado permiso para organizar presentaciones y para llevar allí música sefardí. Este libro y el programa de Fermoselle es mi homenaje a mis 15 abuelas.

Los nombres de mis 15 abuelas

Ascensión Diez Flores
María Basilia Flores Álvarez
María Manuela Álvarez Garrido
Teresa Garrido Mayor
Jacinta Mayor Martín
Josefa Martín Funcia Montano
Ana María Funcia Montano Fernando o Fernández(s)
Teresa Fernando Rodrigues(z) o Fernández(s)
María Rodríguez(s) Montano
Catalina Guerra Rodríguez(s)
Catalina Rodríguez(s) Ramírez(s)
María Rodríguez Santos Goveia
Phelipa Rodríguez(s)
María Ramires Rodríguez(s)
Catalina Ramírez(s)

Aquí están los apellidos que pertenecen a la rama
materna de mi árbol genealógico:

Acebedo
Acevedo
Almendral
Álvarez
Andrés
Asensio
Bartholome
Barrueco
Barbero
Bernardo
Carvajal
Castro
Clemente
Conde
Croquete
Cuvillos
De Castro
De Cuvillos
De la Torre
De la Torre Villar
De la Puente
De Velasco
De la Peña
Del Seco
Diez
Diez-Regojo
Fariza
Farizo

Farmoselle
Fernández
Fernando
Flores
Funcia
Garabato
García
Garrido
González
Gordo
Goveia
Gonzáles
Guerra
Juárez
Losado
Maior
Maior-Valero
Maldonado
Manzana
Manzano
Margarida
Martín
Martín Peños
Martín de Ledesma
Martín de la Torre
Montes
Montaño
Montaña
Mayor
Peños
Pérez
Piriz
Puente

Ramos de la Torre
Ramíres
Ramírez
Ramos de la Puente
Ramos-Almendral
Ramos-Ramos
Ramos
Regojo
Robledo
Robles
Rodrigues
Rodríguez
Santos
Seisdedos
Serrana
Serrano
Velasco
Villar
Villarino

A continuación se presenta un glosario de algunas de las palabras que se han utilizado a lo largo de todo el libro. Al ir escribiéndolas me di cuenta de la metamorfosis por la que he pasado, por eso mi vocabulario ha cambiado e incluye palabras de tantas lenguas y culturas.

Alef Bet - Hebreo - El alfabeto hebreo

Aliá o Aliyah - Hebreo - significa literalmente "ascenso", es un término usado para referirse a una persona judía que se muda a vivir a Israel.

Aron Kodesh-Hebreo-El arca donde se guardan los rollos de la Torá.

Ashkenaz/ Asquenazí– Hebreo - un término que se refiere a los judíos que proceden de Europa del Este y Rusia.

Avinu Malkeinu - Hebreo - Una oración judía cantada durante los servicios religiosos de días festivos especiales que significa: "Nuestro Padre, nuestro Rey".

Bashert - Yiddish - Alma gemela o futuro cónyuge.

Batista, Fulgencio - Castellano - Dictador y jefe militar de Cuba que era aliado de los Estados Unidos.

Beit Din - Hebreo - Corte rabínica.

Benei Anusim o B'nei Anusim – Hebreo- Literalmente significa "hijos del forzado". . La palabra se utiliza comúnmente para indicar que los antepasados judíos habían sido obligados a convertirse durante la Inquisición española.

Bollico - Ladino - Un pan o rosca pequeña.

Carta de dote-castellano - Un documento que detalla las dotes en un contrato de matrimonio.

Catecismo de Baltimore – Originalmente en inglés – Texto escolar católico, muy utilizado en los Estados Unidos y Cuba a finales de la década de 1950 y comienzo de los 1960.

Concilio de Trento - Castellano - Este Concilio Ecuménico del siglo XVI estandarizó el formato de los documentos de la Iglesia Católica.

Confirmación - Castellano - Uno de los siete sacramentos que promueven un vínculo más fuerte con la Iglesia Católica.

Convento-- Castellano - Un edificio en el que vive una comunidad de sacerdotes, monjes o monjas.

Converso - Castellano - Un término utilizado en los siglos XIV y XV en España y Portugal para los que se convertían del judaísmo al catolicismo.

Dreidel - Yiddish - Un trompo de cuatro caras que se utiliza para jugar a juegos durante el festival de Jánuca

Escribano - Castellano - El nombre dado a los escribas medievales que preparaban la documentación oficial para la Iglesia y el Estado.

Esnoga-- Ladino - El nombre que se da en España y Portugal a la sinagoga.

Fuente bautismal - Castellano-Una fuente o vasija similar usados para los bautismos.

Halajá - hebreo - La ley judía.

Hamsa - Hebreo / Arameico- Un amuleto en forma de mano que es muy usada por los sefardíes para protegerse contra el mal de ojo.

Hatzlajá-Hebreo - Para tener éxito

Hechsher-Hebreo- Certificación o sello especial de aprobación.

Idish- ver Yiddish

Jai-Hebreo - Un símbolo del judaísmo que significa vida. Se compone de dos letras en el alfabeto hebreo.

Jánuca- Hebreo- Una festividad que se celebra usualmente en el mes de diciembre cuando se prenden velas por ocho noches

Jasídico – Hebreo traducido al castellano - Una rama del judaísmo ortodoxo que promueve la espiritualidad y alegría a través de la internalización de la mística judía.

Jasidim-Hebreo - Los seguidores de un rabino famoso.

Jupá - Hebreo - Un dosel bajo el cual una pareja judía se casa.

Kashrut - Hebreo - Leyes dietéticas judías.

Kidush - Hebreo - Una bendición sobre el vino, así como el nombre dado a refrescos servidos en el hogar o en la sinagoga después de los servicios.

Kosher - Hebreo - Literalmente significa saludable y se usa cuando se habla de las comidas permitidas de acuerdo con las leyes dietéticas judías.

Ladino-Ladino-Un idioma que comenzó después de la salida de los judíos en 1492 hacia otras tierras. Es una mezcla del castellano hablado en esa época y hebreo, con algunas palabras insertadas del país en que se hubieran instalado los judíos sefardíes al ser expulsados de España y Portugal

Lahmed - Hebreo - Una letra del alfabeto hebreo con el sonido de una "L".

Lisgor – Hebreo - Cerrar.

Marranos - Castellano-Judíos que vivieron en la Península Ibérica, que se vieron obligados a convertirse al catolicismo, pero continuaron practicando el judaísmo en secreto. La palabra también significa cerdo.

Mazel-Hebreo-Tener suerte.

Mezuzá - Hebreo - Pequeño pergamino inscrito con palabras de la Torá que se cuelga en los postes de una puerta en los hogares judíos.

Mikve - Hebreo-Un baño utilizado a los efectos de la inmersión ritual en el judaísmo.

Monsignor – Italiano - Monseñor - Castellano - Un título honorífico eclesiástico propuesto por el Vaticano para los altos sacerdotes en la Iglesia católica

Mussar-Hebreo-Conducta moral, instrucción o disciplina

Najes - Yiddish-Para experimentar orgullo o alegría.

Parnasá-Hebreo- Trabajo regular y dinero recibido.

Periquillos - Castellano-Un postre de la localidad de Fermoselle hecho de masa frita con sabor a anís.

Pirkei Avot-Hebreo - Una agrupación de las enseñanzas éticas de rabinos famosos.

Primera comunión - Castellano - Una ceremonia de la Iglesia Católica muy importante en la que una persona puede recibir uno de los siete sacramentos.

Protectorado-Castellano-un territorio autónomo que está protegido diplomáticamente.

Pureza familiar - Castellano - Leyes judías sobre todo lo relacionadas con la mujer.

Rabbi – Hebreo- Rabino- Castellano- -Maestro de Torá

Rabbonim-Hebreo - Plural del rabino

Raish - Hebreo - Una letra del alfabeto hebreo con el sonido de una "R"

Rebe - Yiddish - Rabino, maestro o mentor

Sefarad- Hebreo- Quiere decir España

Sefardíes – Hebreo - Un término utilizado para aquellos judíos cuyos ancestros vivían en la Península Ibérica.

Shabat - Hebreo-La palabra para el sábado, el día de descanso

Sheejeianu-Hebreo-Una bendición especial dicha cuando uno tiene una experiencia por la que está agradecido. Esta bendición ha sido dicha por el pueblo judío durante más de 2000 años.

Shiva - Hebreo - El período judío de luto que dura una semana.

Shtreimel- Yiddish - Un sombrero de piel usado sólo por los hombres jasídicos que están casados.

Shul-Yiddish-Sinagoga casa de rezos judío

Sidur-Hebreo - Un libro judío de oraciones.

Talit-Hebreo-Un tipo de mantón usado para rezar.

Torá -Hebreo-Los cinco libros de Moisés que son el principio de la Biblia judía.

Torre do Tombo - Portugués - Archivo Nacional de Portugal situada en Lisboa

Tribunal - Castellano-Una persona o institución con la capacidad de juzgar.

Vaticano II - Castellano - El Concilio Vaticano II. Se reunió en 1962 en Roma para evaluar la relación de la Iglesia Católica con el mundo moderno.

Yeshiva-Hebreo-El Instituto de educación judía cuyo objetivo es el estudio de los textos religiosos tradicionales, como la Torá y el Talmud .

Yiddishe - Yiddish - La palabra en yidish para decir "judío"

Yiddishkeit - Yiddish - Estilo de vida o de pensar judío.

Yidish/Yiddish - Una antigua lengua hablada por judíos asquenazí, compuesto de varias lenguas germánicas y utilizando el alfabeto hebreo y muchas palabras hebreas.

Made in the USA
Charleston, SC
07 January 2015